Usted es el maestro más importante para su hijo

Una guía para familias con niños pequeños

Rebecca A. Palacios, Ph.D.

Asesora
Jodene Lynn Smith, M.A.

Créditos de publicación
Corinne Burton, M.A.Ed., *Editora*
Aubrie Nielsen, M.S.Ed., *Vicepresidenta ejecutiva de desarrollo de contenido*
Véronique Bos, *Vicepresidenta de desarrollo creativo*
Cathy Hernandez, *Gerenta de contenido sénior*
Caroline Gasca, M.S.Ed., *Gerenta de contenido sénior*
Fabiola Sepulveda, *Directora de arte júnior*
David Slayton, *Editor asistente*

Créditos de imágenes
págs. 12, 15, 21, 24, 26, 29, 38, 40, 45, 52, 56, 61, 64, 74, 78, 84, 89, 112, 116, 130, 136, 142, 145, 147, 154, 155, 174 son cortesía de Rebecca A. Palacios. El resto de las imágenes pertenece a iStock y/o Shutterstock

Una división de Teacher Created Materials
5482 Argosy Avenue
Huntington Beach, CA 92649
www.tcmpub.com/shell-education
ISBN 978-1-0876-6360-9

Printed in USA BRP001

Contenido

Contenido *(cont.)*

Prefacio

Desde que nacen, los bebés conocen el mundo con herramientas tales como sus cinco sentidos, que los ayudan a aprender sobre el mundo que los rodea. A medida que crecen, los niños formulan pensamientos, ideas y conceptos. Tocan y sienten el mundo que los rodea: cascabeles, pelotas, libros, ropa, agua y muchas cosas más en sus primeros ocho años de vida, valiéndose de experiencias ofrecidas por sus familiares o cuidadores. Los bebés pueden oler a los miembros de su familia y reconocer lo que les gusta y lo que no les gusta por medio del olfato y, a medida que crecen, pueden clasificar los olores. Oyen los sonidos que los rodean, y comienzan a clasificarlos en altos, suaves, música o conversaciones. Pueden saborear las primeras gotas de la leche materna o maternizada y, a medida que crecen, comienzan a experimentar especias y texturas y a distinguir lo que les gusta o no les gusta. Estas experiencias iniciales de aprendizaje y de vida deberían continuar a medida que los niños maduran y crecen.

Todas estas experiencias que viven los niños pequeños establecen las bases de todo el aprendizaje futuro. Por lo tanto, cada familia se convierte en el primer maestro del niño. Esta función de enorme importancia es crucial para todos los niños pequeños.

Todas estas experiencias que viven los niños pequeños establecen las bases de todo el aprendizaje futuro. Por lo tanto, cada familia se convierte en el primer maestro del niño.

El propósito de este libro es ofrecer a las familias ideas para crear oportunidades cotidianas de aprendizaje. Muchas de estas actividades no tienen costo alguno. Las sugerencias de este libro ayudarán a sostener el desarrollo del aprendizaje de los niños a medida que se preparan para la escuela y cuando ingresen a esta. La preparación para la escuela es muy importante para los niños y prepara el camino para el éxito futuro en la vida. Todos los niños deberían tener experiencias escolares positivas que sus familias fomenten desde su nacimiento. A estas experiencias las denomino "experiencias de la primera infancia que nos preparan para la vida".

Me gustaría contarle mi historia. Nací y crecí en Corpus Christi, Texas, donde aún vivo. Para quienes no la conocen, Corpus Christi es una bella ciudad en la bahía de Corpus Christi. Mi familia ha vivido allí por cinco generaciones.

Hace cincuenta y siete años, nuestro distrito escolar local era uno de los miles de distritos del país que se preparaban para abrir aulas para el programa Head Start por primera vez.

Yo tenía 10 años y esperaba terminar quinto grado. ¡Tenía el cabello más largo entonces!

¡Y era precoz! A los tres años anuncié que quería ser maestra. La escuela grande al final de la calle donde asistía mi hermana era como un imán para mí. Mi abuelita y yo caminábamos hasta allí para buscar a mi hermana después de la escuela, y me quedaba asombrada por todas las cosas maravillosas y emocionantes que podía ver.

Por lo tanto, puede imaginarse mi emoción cuando, siete años después, mi madre me contó que se necesitaban voluntarios para trabajar con los niños pequeños de mi escuela primaria. Ella sabía de mi deseo de enseñar y quería que experimentara cómo sería, y yo quería aprender todas las formas en que los maestros trabajan con los niños y preparan actividades. Me vi haciendo el baile del Hokey Pokey, ajustando piezas de rompecabezas perdidos, ayudando a abrir envases de leche y haciendo preguntas a los alumnos después de leerles.

Mi aventura como principiante en la enseñanza comenzó ese verano de 1965, el primer verano del programa Head Start. Y con esa primera experiencia desarrollé un aprecio y un respeto profundos por el programa Head Start y por cada niño a quien Head Start ha servido. Ha habido innumerables historias de éxito, no solo para los niños, sino también para los maestros, las familias, el país y los voluntarios.

Desde entonces, mi pasión por la enseñanza y el aprendizaje han ido en aumento. Me convertí en maestra, ¡tal como lo había soñado de niña! Mis padres me ofrecieron muchas oportunidades para aprender: me dieron discos con historias y canciones, oportunidades para jugar al aire libre, acceso a clubes escolares y experiencias en casa como ir de pesca y permitirme leer todo el día si así lo deseaba. Jugaba con barro, palos, piedras, hojas y cualquier cosa que hubiera en mi jardín, y cantaba una canción tras otra. En aquel momento no sabía que mi vocabulario en dos idiomas me estaba preparando para una vida futura como maestra, ¡y además como maestra bilingüe!

Cuando me convertí en maestra, traté de poner todo lo aprendido en lecciones para la primera infancia. Para ser sincera, el hecho de que los niños aplaudían al final de una clase me hacía volver a enseñar al día siguiente. Estoy agradecida de haber guiado a los niños para que hallaran sus dones y de haber podido ofrecerles experiencias de enseñanza y aprendizaje que llevarán durante toda su vida. Esta ha sido la recompensa más grande. Mi carrera como maestra fue una oportunidad de cumplir con el objetivo de toda mi vida.

Pero se me ofreció otra oportunidad que jamás hubiese imaginado. Años atrás, una amiga y colega del National Board for Professional Teaching Standards [Junta Nacional para los Estándares de la Enseñanza Profesional] me presentó a Age of Learning, la empresa diseñadora de lo que sería ABCmouse.com. Trabajé con el equipo de Age of Learning para desarrollar un currículo extensivo en línea para aprendices tempranos, utilizando el poder de internet para elaborar recursos educativos de alta calidad disponibles a bajo costo para cada niño. Vi una manera de enseñar y de llegar a los niños, no solo de mi comunidad escolar, sino de todo el mundo, y de ayudar a preparar a los aprendices más jóvenes para el éxito desde el inicio y durante toda su vida.

Los fundamentos que le ofrece a su hijo serán duraderos y lo ayudarán a crear su propia historia sobre las "experiencias de la primera infancia que nos preparan para la vida".

Todas estas oportunidades de aprendizaje comenzaron con mis padres, que sabían que su pequeña hija quería ser maestra y decidieron ayudarla con muchas experiencias: lecciones de piano, oportunidades de jugar al aire libre y de explorar en la naturaleza, en especial hacer pasteles de barro, ir de pesca, ir a la playa y recorrer zoológicos, visitar bibliotecas y a la familia extensa. Estas experiencias, y muchas más, sentaron las bases de la persona que soy en la actualidad.

Mi aventura en la enseñanza comenzó hace 50 años en una clase del programa Head Start. Siguió durante los 34 años de enseñanza en el distrito escolar independiente de Corpus Christi, en clases para la primera infancia, y continúa hoy de manera global. En 1976 no sabía que un día tendría un empleo que aún estaba por inventarse pero que se relacionaría con todo lo que me encantaba y disfrutaba de niña: hablar sobre la naturaleza y las ciencias, leer, cantar, trabajar con niños, maestros y familias, ¡y emprender nuevas aventuras!

Hoy en las escuelas vemos la necesidad de que las familias continúen con su participación. No es suficiente ser el primer maestro de su hijo y luego renunciar a esa función una vez que comienza la escuela. Todos los niños, incluso durante su madurez, necesitan el apoyo y la visibilidad de su familia durante su escolaridad. Las escuelas no solo buscan que las familias participen, sino que se impliquen. Hay necesidad de que las familias estén plenamente empoderadas y que puedan ser verdaderas compañeras y colaboradoras en la educación de sus hijos.

Este libro tiene dos secciones que ayudarán a preparar el terreno para desarrollar experiencias maravillosas de aprendizaje para sus hijos.

En la **Sección I** se presentan las cuatro Es. Son conceptos importantes para la crianza, y entenderlas puede ayudar a las familias a desarrollar bases firmes para sus hijos. Las habilidades de los niños de expresarse comienzan cuando son bebés, cuando lloran para pedir abrigo, comida o ayuda. Los bebés están listos para aprender el lenguaje apenas nacen, y desarrollan habilidades de escucha y de habla primero, y luego las de lectura y escritura durante los años de preescolar.

La **Sección II** aborda maneras de incorporar el aprendizaje en actividades diarias e incluye temas específicos relacionados con la lectoescritura, las matemáticas, las ciencias y los estudios sociales.

La sección final, **Sección III**, trata de cómo ayudar a los niños a prepararse para la escuela. Estos capítulos abordan la preparación para el kínder y las cosas que las familias pueden hacer para ayudar a los niños a prepararse para la escuela.

Al final de cada capítulo hay una historia de infancia de mi familia, de mis amigos y de colegas sobre cómo sus familias influyeron en lo que hoy son y cómo les enseñaron habilidades, ideas y conceptos para toda la vida. Las experiencias trascendentales de estas personas ilustran la importancia de cada familiar para los niños pequeños. Espero que, a través de estas historias, los lectores recuerden sus propias historias de infancia y ayuden a acercar experiencias similares para los jóvenes aprendices.

También espero que este libro ofrezca momentos enriquecedores y divertidos con su hijo. Los fundamentos que le ofrece a su hijo serán duraderos y lo ayudarán a crear su propia historia sobre las "experiencias de la primera infancia que nos preparan para la vida".

¡Disfrute de sus hijos y de sus nietos!

Los niños pequeños y el aprendizaje

Los padres suelen estar tan ocupados
con la crianza física de sus hijos
que se pierden la gloria de ser padres,
del mismo modo que se pierde
la majestuosidad de los árboles
al rastrillar las hojas.

—Marcelene Cox

Las cuatro Es: expresión, experiencias, explicaciones, extras

Los límites de mi lenguaje
significan los límites de mi mundo.

—Ludwig Wittgenstein

Las cuatro Es (*expresión, experiencias, explicaciones* y *extras*) ayudan a guiar a las familias en la enseñanza de sus hijos para que puedan expresarse, en la creación de experiencias positivas donde los niños puedan aprender con el paso del tiempo, en la facilitación de explicaciones para los objetos, los acontecimientos y las experiencias de su mundo y en la elección de actividades extras que pueden enriquecer y estimular la capacidad de asombro de los niños. Los objetivos de esta sección ofrecen guías para las familias, y los ejemplos de actividades las ayudan a comprender cómo alcanzar esos objetivos.

Expresión

Expresión, o enseñar a los niños a expresarse con riqueza de vocabulario, es la primera de las cuatro Es, como las he denominado. La capacidad de expresarse y de usar las palabras, junto con el manejo de un vocabulario amplio, ayuda a los niños a prepararse para la escuela.

Cuando los niños tienen una variedad de vocabulario y de expresiones más amplia, son capaces de expresar mejor sus pensamientos y sus sentimientos. Los adultos tienen a diario oportunidades para conversar con sus hijos usando palabras que describan el mundo que los rodea. Por ejemplo, al ir de compras a una tienda de comestibles, al dar un paseo o al ver jugar a su hijo, pregúntele sobre sus experiencias. Promueva diálogos que ayuden a su hijo a describir el mundo con colores o formas, o anímelo a que le haga preguntas.

Desarrollar un vocabulario expresivo es fundamental para desarrollar las habilidades de comprensión lectora y escritura creativa. Cuanto más en detalle pueda su hijo describir algo, tanto mejor será su relato.

Por ejemplo, su hijo podría señalar una flor y decir: "Esa flor". Usted podría hacer preguntas exploratorias acerca de esto: "¿De qué color es la flor?, ¿cuántos pétalos tiene?, ¿puedes contarme más sobre la flor?". A medida que avanza la conversación, incentive a su hijo a crear un relato sobre la flor: "Mi flor es rosada y bonita. Crece en el suelo y tiene seis hojas verdes y ocho pétalos". También puede ayudar a expandir el debate diciendo: "Me pregunto si esa flor puede crecer en cualquier parte". Busque algo para leer sobre la flor y explore también imágenes y nombres de otras flores para ayudar a su hijo a aprender más sobre el tema.

Según diversas investigaciones, cuanto más frecuentemente los adultos usen canciones, imágenes, juegos de rima y conversación o discurso expresivos, tanto más capaz será el niño de leer. La "preparación para el kínder" es un factor importante para las escuelas y los educadores, y ocurre mucho antes de que el niño pise un aula escolar. Usar libros en casa y crear un entorno hogareño que favorezca la alfabetización es una parte fundamental del desarrollo de los conceptos, las habilidades y el vocabulario necesarios para el éxito académico.

Las siguientes son algunas de las maneras de desarrollar un vocabulario que se relacione con la rutina diaria:

Objetivo	Ejemplos de actividades
Ayudar a su hijo a desarrollar riqueza de vocabulario.	✦ Hable con su hijo mientras cocinan para explicarle el proceso, como picar, cortar en dados, hervir o freír, y trate de usar otras palabras relacionadas con la cocina. ✦ Salgan de paseo y conversen para desarrollar vocabulario sobre lo que ven, lo que tocan, lo que saborean, lo que huelen y/o lo que oyen. ✦ Lean juntos todos los días y utilicen la narración oral para ayudar a desarrollar destrezas de escucha. ✦ Comenten lo que sucede en su rutina diaria. ✦ Desarrollen vocabulario sobre herramientas, formas, nombres de familiares y la clasificación de los objetos, entre estos, cosas que rueden, cosas que coman y cosas que vistan las personas.

Objetivo	Ejemplos de actividades
Ayudar a su hijo a expresar formas de respeto y de responsabilidad.	✦ Dé el ejemplo siendo respetuoso y asumiendo responsabilidades. ✦ Use expresiones importantes relacionadas, como "por favor", "gracias" y "¿puedo...?". ✦ Muestre a su hijo cómo cuidar a las personas, las plantas y los animales. Comente palabras que transmitan aprecio, sentimientos y emociones.
Ayudar a su hijo a desarrollar comprensión de la familia y de la cultura a través de su ejemplo de participación familiar y hacer que se implique en los debates familiares.	✦ Asista a las actividades escolares de su hijo y hable con él sobre estas. ✦ Asista a eventos especiales, como los encuentros para padres o abuelos, y comente qué hizo o aprendió con su hijo. ✦ Sea parte de los eventos para el aprendizaje en los que no solo se brinda información, sino que las familias también comparten lo que hacen en sus casas. ✦ Desarrolle conciencia de la riqueza de su cultura y enseñe a su hijo sobre su historia familiar.
Ayudar a su hijo a entender que lo que la gente dice en voz alta también puede escribirse.	✦ Incentive a su hijo a dibujar imágenes y a dictar relatos sobre lo que oye. ✦ Muestre a su hijo cómo escribir su nombre usando una letra mayúscula inicial y letras minúsculas para el resto, como Isabella, Caleb, Donovan y Eva.

La expresión es fundamental en nuestro mundo. Ya sea que se comunique hablando, leyendo, escribiendo o escuchando, le está enseñando a su hijo que lo que dice es importante, y que usted se está tomando el tiempo para ampliar su mundo de palabras.

Mis padres me dijeron que la educación era el camino para lograr el éxito; y me lo demostraron llevándome al programa Head Start mientras ellos hacían sus propias carreras universitarias.

—Denise Juneau

Experiencias

Uno de los mejores regalos que podemos dar a los niños es la capacidad de vivir de primera mano el mundo que los rodea. Por esto, la segunda *E* es la de *experiencias*. A medida que los niños aprenden de las experiencias, desarrollan la capacidad de vincular esas experiencias con otras experiencias y con el lenguaje.

Los niños aprenden de las experiencias que viven todos los días, entre estas, jugar con juguetes, cocinar, limpiar, cuidar a las mascotas y dar paseos. También aprenden cuando se los expone a circunstancias especiales, como visitar una granja, una playa o un lago, ir de pesca y examinar cómo crecen las plantas.

En este libro usted leerá maravillosas historias de la infancia de familiares, amigos y colegas. También leerá sobre las experiencias que no costaron dinero alguno, pero que fueron fundamentales para aquel niño que llegó a convertirse en el adulto de hoy.

A medida que comparte experiencias con su hijo, podrá apreciar mejor el impacto duradero que estas pueden tener en el desarrollo de los intereses y la curiosidad de su hijo. Cuanto más amplias y variadas sean esas experiencias, mejor podrá conectarse con el mundo que lo rodea. Por ejemplo, una experiencia que muchos niños disfrutan es la de jugar con agua. Con esta experiencia, los niños descubren que el agua toma la forma del recipiente que la contiene. Cuando juegan con agua, los niños aprenden que puede ser trasladada de un lugar a otro. También aprenden que puede derramarse, que puede medirse, que es mojada, que los objetos pueden flotar o hundirse en ella, ¡y muchos otros conceptos! Es un placer verlos aprender y descubrir cosas con objetos cotidianos en la mesa de agua. Los niños pueden contar historias sobre el agua después de jugar y tendrán mucho más para contar sobre la base de sus experiencias. ¡Los niños pueden jugar con el agua subiéndose a banquetas en los lavabos, en las bañeras o en las piscinas infantiles!

Usted puede utilizar cada experiencia cotidiana como un tiempo para el aprendizaje. También puede ir generándolas sobre la base de los intereses de su hijo o de cosas que ocurran en su casa, en la escuela o en la comunidad. Cuantas más experiencias tenga su hijo, tanto mejor equipado estará para hablar y escribir sobre el mundo que lo rodea.

Los siguientes son algunos objetivos para desarrollar experiencias y maneras de alcanzarlos:

Objetivo	Ejemplos de actividades
Pedir a su hijo que comparta sus experiencias.	✦ Incentive a su hijo a hacer un dibujo o a escribir sobre sus experiencias cotidianas y narrarlas.
Relacionar experiencias cotidianas con el lenguaje oral.	✦ Señale los objetos y hable de las cosas que suceden durante el día mientras hace las compras, cocina, maneja, lee o ve videos o programas de televisión.
Compartir sus propias experiencias con su hijo.	✦ Hable con su hijo sobre las experiencias que usted tuvo de niño, sobre su jornada laboral o sobre ocasiones especiales.
Permitir que su hijo explore su entorno.	✦ Lleve a su hijo a dar una vuelta. Mientras caminan juntos, señale y comente las características de los edificios (formas), de los carteles (letras y números) y de la naturaleza (formas, texturas, sonidos y olores).
Ofrecer experiencias enriquecedoras de alfabetización y ayudar a su hijo a comprender lo que usted lee.	✦ Encuentre un momento para leer libros a diario. ✦ Haga marionetas para representar un cuento. ✦ Hablen acerca de los personajes, los detalles y el escenario de un cuento. Comenten también los sentimientos de su hijo sobre el libro. ✦ Incentive a su hijo a señalar letras, palabras, oraciones y párrafos en los libros.

Experiencias como estas serán los recuerdos que su hijo atesorará durante su vida porque serán recuerdos vividos con usted.

No hay nada que nos pueda ayudar mejor a entender nuestras creencias que tratar de explicárselas a un niño curioso.

—Frank A. Clark

Explicaciones

Los niños son curiosos por naturaleza, y quieren conocer el mundo que los rodea. Con sus muchos "¿por qué?", los niños crean oportunidades de aprendizaje por sí mismos. Esto lleva a la tercera *E*, que es la de *explicaciones*. Como parte del apoyo familiar, usted puede responder a la curiosidad de su hijo con paciencia y dedicando su tiempo para brindar explicaciones a sus preguntas. Estas preguntas son una parte importante del desarrollo de su hijo. A medida que los niños exploran el mundo que los rodea, quieren saber cómo funciona y cómo ellos se adaptan a ese mundo.

En la ilustración de la página 15, un padre explica a sus hijos las partes esenciales de un helicóptero. Ellos sabían que su padre trabajaba con helicópteros mientras pertenecía a los marines de Estados Unidos, y sus preguntas dieron como resultado explicaciones importantes sobre el funcionamiento de un helicóptero. Fue un momento muy importante. Es lo que los docentes llaman un *momento de enseñanza*.

Cuando usted se toma el tiempo para dar explicaciones, como qué es lo que sucede en su vida diaria, cómo las cosas crecen en los árboles, por qué se está vistiendo para una fiesta o por qué ocurre algo en un libro, está dando explicaciones que son importantes para que su hijo entienda. Todas estas explicaciones son momentos de enseñanza.

Una vez que su hijo está en la escuela, asegúrese de seguir explicando las cosas. A medida que su hijo progresa en la escuela, estas explicaciones sobre muchas de las cosas de la vida, tanto las buenas como las malas, le serán más fáciles de comprender porque usted ya habrá establecido líneas de comunicación con su hijo y las habrá comentado.

Con tan solo hacer un clic y gracias a internet, usted puede acceder a las respuestas de todo tipo de preguntas y ayudará a su hijo a prepararse para temas que abarcan desde la geografía hasta el arte.

Durante el día, ayude a su hijo a entender su mundo guiándolo en la exploración y el descubrimiento. Luego, haga un seguimiento con más explicaciones, en caso de ser necesario.

Estos son algunos ejemplos de explicaciones y de modelos de actividades:

Objetivo	Ejemplos de actividades
Incentivar los "¿por qué?".	✦ Explique las cosas como mejor le sea posible, con respuestas claras. Por ejemplo: El gato tiene pelaje para mantenerse caliente. Pertenece a la familia de los mamíferos, y todos los mamíferos tienen pelo. ✦ Pregunte a sus hijos sus propios "¿por qué?": "¿Por qué crees que eso rueda?", "¿por qué crees que necesitas esa servilleta?", "¿por qué las personas necesitan vehículos para desplazarse de un lugar a otro?".
Fomentar la curiosidad de su hijo.	✦ Juegue con su hijo y haga preguntas: "¿Qué estás haciendo?", "¿cuál es más duro o más blando?", "¿por qué eso es tan alto?", "¿puedes lograr que sea más alto?", "¿qué crees que ocurrirá si movemos esto?", "¿qué aprendiste?". ✦ Tómese tiempo para explicar cómo funcionan las cosas o por qué piensa que funcionan de la manera en que funcionan. Si no sabe la respuesta, muestre a su hijo dónde buscar las respuestas, como en una enciclopedia, en un libro o en internet. ✦ Ofrezca materiales para ayudar a su hijo a pensar, como bloques o juegos con reglas y varios pasos. Ofrezca también objetos que ayuden a su hijo a crear, como papel, crayones, marcadores, tijeras para niños y arcilla para modelar. ✦ Lleve a su hijo a lugares que contribuyan a desarrollar su curiosidad y su conocimiento, como un zoológico, un museo, un espectáculo de arte, un festival u otros eventos de la comunidad.
Describir el mundo que rodea a su hijo y motivarlo para que hable sobre sus sentimientos.	✦ Anime a su hijo a explorar el mundo, priorizando la seguridad. ✦ Haga preguntas sobre lo que su hijo ve, oye, siente, saborea y toca. ✦ Explique lo que ocurre durante la jornada, como el clima, la estación del año, la elección de la vestimenta y las rutinas. ✦ Preste atención a los sentimientos de su hijo y muéstrele cómo expresarlos de manera apropiada.

Usted es el primer maestro de su hijo y, a medida que comparta estas explicaciones, le enseñará durante toda su vida.

> **Soy lo suficientemente artista como para recurrir libremente a mi imaginación. La imaginación es más importante que el conocimiento. El conocimiento es limitado. La imaginación circunda el mundo.**
>
> —Albert Einstein

Extras

La cuarta *E*, de *extras*, se refiere a los esfuerzos y las experiencias adicionales que las familias ofrecen a sus hijos para enriquecer su conocimiento. Estas experiencias sacan a los niños de su entorno hogareño y los insertan en la comunidad en general para aprender de ella. Gracias a los extras, los niños pueden ampliar su mundo.

Muchos de los extras son lugares especiales con entradas pagas, como zoológicos, museos, eventos deportivos y conciertos. Pero también existen programas comunitarios gratuitos muy valiosos. Uno de los eventos culturales de mi comunidad es uno que reúne a personas de distintos trasfondos y culturas en muestras de juegos y comidas de distintos lugares del mundo. Además, hay muchos programas extraescolares de bajo costo que se desarrollan en las escuelas, como danza, violín, fútbol y tenis, entre otros. Estos extras ayudan a los niños a desarrollar la comprensión de las reglas y de la disciplina a través de la práctica, así como también habilidades de trabajo en equipo y de liderazgo. Estos valiosos extras crean un muestreo de actividades que ayudan a los niños a encontrar sus intereses y ampliar su aprendizaje más allá de la escuela y de los programas extraescolares.

Un hombre de nuestra comunidad tenía una granja avícola donde criaba patos y pollitos en incubadoras. Los niños podían visitar la granja y ver el momento en que las aves rompían el cascarón, observar las aves en sus jaulas y comparar las similitudes y las diferencias entre las aves y otros animales. ¡Esta era una de las experiencias que ellos siempre recordaban!

Otro extra pueden ser las visitas al auditorio local para ver musicales infantiles. Estos eventos ayudan a los niños a aprender sobre música, literatura y actuación. Pueden narrar historias o hacer dibujos después de estas actividades, lo cual es también una experiencia valiosa de aprendizaje.

Estas son algunas de las maneras de incluir extras en su rutina:

Objetivo	Ejemplos de actividades
Incentivar la participación de varias generaciones de familiares y las experiencias culturales enriquecedoras.	✦ Invite a sus parientes o a la familia extensa para hablar sobre sus antecedentes, experiencias y conocimiento de la cultura.
Utilizar recursos para desarrollar experiencias y lenguaje enriquecedores.	✦ Utilice los recursos de la comunidad, como parques, museos, conciertos de verano, visitas al departamento de bomberos o a la estación de policía y eventos comunitarios gratuitos para ayudar a estimular la imaginación, la curiosidad y el conocimiento.
Fomentar la imaginación de sus hijos.	✦ En una reunión familiar, hable sobre la imaginación y la creatividad en los niños y su importancia. Lleve a su hijo a algún lugar donde pueda imaginar cómo viven los animales o cómo vivían las personas hace mucho tiempo, como un museo interactivo para niños, un jardín botánico, un planetario, un bosque, una playa, un desierto, un lago, un acuario o las montañas.
Usar la biblioteca pública.	✦ Explore la biblioteca, tome libros en préstamo, use la computadora y aproveche los programas de la biblioteca durante el año, sobre todo durante el verano para evitar la pérdida del aprendizaje. ✦ Los libros ofrecerán a su hijo ventanas hacia mundos desconocidos, como las profundidades del océano, el espacio exterior, un país diferente o el interior de las pirámides.

Como primer maestro de su hijo, los extras que usted ofrece ayudarán a su hijo a ver el mundo que lo rodea con más claridad. Juntas, las cuatro Es (*expresión*, *experiencias*, *explicaciones* y *extras*) pueden ayudar a allanar el camino hacia una carrera escolar exitosa para su hijo y ayudarlo también a usted a trabajar en sociedad con los futuros maestros de su hijo.

Educación y cultura

por Erin, directora sénior

Soy una mujer perteneciente a una familia de clase media baja de la zona rural del este de Kansas. Este no es un antecedente característico de alguien que ha pasado la tercera parte de su vida educando a otras personas alrededor del mundo. Sin embargo, mi padre me dio el regalo de la cultura y del conocimiento, algo que moldeó para siempre mi futuro.

Mi padre pasó gran parte de su vida tratando de hallar algo que realmente amaba. Sirvió como ayudante médico en la marina, fue chef profesional, herrero aficionado, enfermero matriculado, reservista del ejército, asistente médico y, además, el bajista de una banda rural de *bluegrass*. Pero no fue la cantidad de profesiones a las que mi padre se dedicó lo que influyó en mí, sino el vigor con el que persiguió el conocimiento.

Mientras crecía, veía a mi padre estudiar por las noches. Mientras él perseguía el conocimiento y el deseo de ayudar a los demás, tuve la oportunidad de verlo caminar por un escenario y recibir un diploma, no una, sino dos veces. Cada noche, después de la cena, leíamos y hacíamos juntos la tarea. Silenciosamente, mi padre me enseñó que ni la edad ni el género importaban cuando de educación se trataba. La educación tenía el poder de cambiar vidas, para uno mismo y para cualquiera con quien uno se cruzara.

Sus búsquedas trajeron una variedad de personas y de culturas a nuestra vida. Nunca estuvieron lejos de nuestra mesa los alimentos nuevos y diversos, así como tampoco nunca estuvieron lejos de nuestro hogar los amigos nuevos y diversos. Mi padre quería que viéramos y experimentáramos todo lo que el mundo tenía para ofrecer porque había hurgado en las profundidades de lo que el mundo podía enseñarle, y allí encontró el amor por la vida.

Para mí, la educación jamás fue un ideal abstracto. Fue algo que cualquiera podía obtener si se lo proponía. El hecho de que fuera de clase media baja jamás fue una barrera. El hecho de que fuera mujer jamás fue un obstáculo para mí. Ni una sola idea fue tomada como una "montaña imposible de subir" a la hora de perseguir el conocimiento. Ese es el regalo que mi padre me dio.

¿Por qué los niños hacen preguntas?

La curiosidad es una de las características permanentes e indudables de un intelecto vigoroso.

—Samuel Johnson

¿Alguna vez se ha preguntado por qué su hijo hace tantas preguntas? Aún en la edad adulta, cuestionamos muchas cosas que no tenemos bajo nuestro control. Para los niños, las preguntas ayudan a que su mundo tenga sentido a medida que comienzan a aprender sobre él. Esas preguntas incluso pueden estimular y acelerar el aprendizaje. Las respuestas que demos como adultos son fundamentales; por lo tanto, la pregunta más importante que hay que formularse es: ¿Cuál es su respuesta a esos "¿por qué?"?

La curiosidad innata de los niños constituye una parte muy importante de sus "¿por qué?". Su curiosidad sobre el mundo los ayuda a desarrollar conceptos, destrezas, vocabulario y su comprensión sobre lo desconocido. Usted puede ayudarlo a canalizar su curiosidad y su necesidad de saber el porqué de las cosas para poder estimular su aprendizaje de manera positiva.

¿Cómo apoyamos la necesidad que tiene un niño de aprender?

Cuando su hijo pequeño hace una pregunta, y usted sabe que necesita saber, y que necesita saberlo ahora mismo, mi consejo es simple: ofrézcale una respuesta inmediata y directa, ya sea breve o detallada, según lo que usted sepa y lo que su hijo pueda comprender.

A veces, lo único que se necesita en ese momento es una respuesta informativa. Por ejemplo, si su hijo pregunta: "¿Por qué ese gato tiene pelaje?", su respuesta puede ser breve y fáctica: "El gato tiene pelaje para mantenerse abrigado. Casi todos los gatos tienen pelaje".

Esta respuesta basta y sobra como para ayudar a su hijo a aprender sobre el mundo. Pero si usted sabe algo más sobre el tema, y su hijo tiene un nivel de interés y de comprensión más profundo, satisfaga el interés de su hijo ofreciendo una respuesta más detallada, como: "El gato tiene pelaje para mantenerse abrigado. Es miembro de la familia de los felinos, y casi todos los felinos tienen pelaje. Los gatos son mamíferos, como nosotros, y los mamíferos tenemos pelaje o pelo. Nosotros tenemos pelo; los gatos tienen pelaje". Puede entonces hacer un proyecto con su hijo para buscar más información o tomar prestados de la biblioteca libros de divulgación que traten sobre gatos o animales con pelaje.

También puede hacer que su hijo piense con más profundidad si da vuelta los "¿por qué?" de tal modo que su hijo deba reflexionar para formular su propia respuesta. Por ejemplo, su primera respuesta a la pregunta de su hijo podría ser: "¿Por qué piensas que tiene pelaje?". Luego, permita que su hijo ofrezca una respuesta original.

Lograr que a esta edad su hijo reflexione sobre sus propios "¿por qué?" y que formule sus respuestas a estas preguntas es importante, dado que los docentes usan los "¿por qué?" en todas las materias de la escuela. A los escolares se les hacen preguntas que los educadores denominan "preguntas de alto nivel"; es decir, se pide a los niños que lean un relato, que reflexionen sobre lo que leyeron y expliquen por qué piensan que ocurren determinadas cosas en esa historia.

Poder dar respuesta a los "¿por qué?" es también fundamental porque los niños más grandes y los adultos se topan con ellos en su vida cotidiana.

Poder dar respuesta a los "¿por qué?" es también fundamental porque los niños más grandes y los adultos se topan con ellos en su vida cotidiana. Además, en nuestro mundo cada vez más tecnológico y globalizado, nuestros hijos deberán resolver problemas que les demandarán pensar por sí mismos y elaborar sus propias respuestas.

Las primeras experiencias de su hijo al preguntar y responder "¿por qué?" mientras procura comprender el mundo son los cimientos del pensamiento profundo y ayudarán a su hijo a prepararse para el futuro.

¿Qué puede hacer usted en casa para estimular la capacidad de cuestionamiento de su hijo y apoyarlo en su aprendizaje? Estas son algunas recomendaciones:

- Incentívelo para que haga preguntas. Hágalo respondiendo de manera comprensiva con una respuesta informativa o con otro "¿por qué?". (Por ejemplo, a la pregunta: "¿Por qué llueve?", una respuesta posible es: "Qué buena pregunta. Llueve porque las nubes tienen humedad, y cuando se llenan, llueve". Otra respuesta puede ser: "Qué buena pregunta, ¿por qué crees que llueve?").

- Pregunte algunos "¿por qué?" (por ejemplo: "¿Por qué crees que la sopa que estoy cocinando necesita agua?") para mostrar a su hijo que el aprendizaje es una habilidad para toda la vida.

- Lea libros a su hijo que contengan varias preguntas. (Por ejemplo: *¿Eres tú mi mamá?* de P.D. Eastman o *Mi primer gran libro de los ¿por qué?* de National Geographic).

- Sujete una hoja en el refrigerador o en el cuarto de su hijo que se titule "Mi lista de preguntas" con las respuestas a los "¿por qué?" que ellos hayan formulado.

- Explore preguntas de alto nivel y aprenda por qué son tan importantes para el aprendizaje de los niños.

- Hable con el maestro de su hijo sobre los "¿por qué?" que se estén debatiendo en la escuela.

Incentive y celebre las preguntas que formula su hijo a medida que le da sentido al mundo gracias a la curiosidad y el descubrimiento.

Implicación en el aprendizaje: qué es importante para quien aprende

Lo que escucho, lo olvido. Lo que veo,
lo recuerdo. Lo que hago, lo comprendo.

—Confucio

Como padres y como maestros, tenemos una oportunidad estupenda para ayudar a las mentes jóvenes a desarrollarse y crecer. Una de las maneras más efectivas para facilitarlo es ayudar a los niños a identificar actividades, materiales y entornos que sean importantes para ellos, y luego enfocarnos en estos para fomentar su *engagement* en el aprendizaje.

¿Qué significa *engagement*? Según *The Glossary of Education Reform* [Glosario de la reforma educativa], el engagement del estudiante es "el grado de atención, curiosidad, interés, optimismo y pasión que los estudiantes manifiestan cuando aprenden o se les enseña, que se extiende al nivel de motivación que tienen para aprender y progresar en su educación".

Muchos piensan que los niños a esa edad tienen un rango de atención muy breve, y la mayoría de las veces estarían en lo cierto. Pero hay una excepción importante, y es cuando los niños se implican en actividades de aprendizaje que son de gran interés para ellos. Cuando una actividad es importante para el estudiante, puede lograr que un niño pequeño se mantenga atento por un período muy largo. No es inusual ver niños de cuatro años concentrados con pasión en actividades que ellos mismos eligen, por lo general durante 20 minutos o más tiempo.

Usted puede ayudar a su hijo a desarrollar un rango de atención más amplio y el amor hacia el aprendizaje al descubrir sus intereses naturales y ofrecer actividades de aprendizaje que se ajusten a esos intereses. En las siguientes páginas encontrará varios ejemplos.

Actividades educativas

- Genere oportunidades para leer con su hijo y haga de la lectura una rutina diaria. Los libros de rima y los libros predecibles suelen ser los más interesantes para los niños más pequeños. Pero no importa qué tipo de libros lea: elija aquellos que más le interesen a su hijo, sobre temas sobre los que quieran saber más.
- Hable con su hijo durante el día y genere varias oportunidades de participar con pares, familiares y otros adultos. Usted puede ayudar a su hijo a aumentar su implicación con el lenguaje oral mediante charlas animadas y que llamen a la reflexión, rimas, cuentos, obras de teatro y marionetas.

Aproveche las actividades de aprendizaje de su comunidad, como las reuniones en la biblioteca, las charlas en los museos o los espectáculos, los conciertos, las visitas a parques de juegos y los eventos históricos o culturales. Las actividades comunitarias variadas e interesantes pueden ayudar a los niños a brindarles un vocabulario oral más amplio y darles la oportunidad de contar historias sobre lo que hicieron. Una vez en casa, pida a su hijo que haga un dibujo sobre lo que vio o, si su hijo es más grande, pídale que escriba una historia sobre eso.

- Incentive a su hijo a compartir la historia durante la cena o cuando estén reunidos en familia, pegarla en el refrigerador, comenzar un diario de historias o colgarla en su cuarto.
- La tecnología educativa ofrece a los niños oportunidades de aprender no solo las destrezas básicas de lectura y matemáticas, sino también aquellos temas que les interesarán más adelante, como ciencias, estudios sociales, arte y música. Los temas de mayor interés pueden explorarse gracias a programas de alta calidad y aplicaciones que involucran a los niños, a la vez que satisfacen sus diversos estilos de aprendizaje e intereses. Los programas de aprendizaje en línea son extremadamente interactivos, interesantes y divertidos para los niños.

Materiales interactivos

- Permita que su hijo explore algunos de los materiales de cocina que usted utiliza (según la edad y los factores de seguridad), como las cucharas y tazas medidoras, la masa y la pasta seca. Con estos materiales pueden comenzar a medir, contar, hablar sobre las figuras y sentir distintas texturas y patrones.
- Mientras cocinan, tómese el tiempo para incentivar a su hijo a observar y utilizar sus sentidos. La cocina ofrece muchas oportunidades de oler, saborear, tocar, oír y ver.
- Cree una zona de juegos de agua en su jardín o patio utilizando una bañera pequeña, o adquiera una mesa de agua. Ofrezca a su hijo tazas, tazas medidoras, coladores y baldes de plástico pequeños para jugar.
- Adquiera algunas acuarelas y deje que su hijo pinte afuera colocando papel sobre una bandeja, que puede sujetar con pinzas para tender la ropa o sujetapapeles.
- Utilice un pincel grande y agua para hacer que su hijo "pinte" la acera con agua. Anímelo a ver cómo se evapora el agua.

Compromiso con el medioambiente

- Den un breve paseo por la manzana o por el parque e incentive a su hijo a involucrarse con lo que ocurre a su alrededor. Por ejemplo, estimúlelo a que observe y hable sobre las hojas que caen, a que comente sobre los animales o los insectos que encuentre y que describa los patrones, las formas y las texturas de las rocas, las piedras, las ramas pequeñas, las hojas o los árboles.
- Busquen figuras, patrones o letras en los edificios o en otros sitios del entorno. Jueguen un juego y busquen una letra o figura específica, como la forma en "U" de un columpio, la forma en "L" del lateral de los escalones, un círculo en una torre de reloj o un cuadrado en un ventanal.

- Cree "centros" de aprendizaje o áreas imaginativas fuera de su casa donde su hijo pueda jugar con madera, arena, rocas, pelotas, columpios y otros objetos. Permita que su hijo invente un fuerte o un castillo utilizando sábanas o mantas viejas, siempre bajo su supervisión.

Hay tantas maneras estupendas y sencillas de involucrar a los niños en el aprendizaje tan solo incentivándolos a advertir y explorar lo que hay a su alrededor y enfocándose en aquellas actividades que produzcan gran interés. Las mentes de los niños son el lugar creativo donde todas las ideas se afincan, e implicarse ayuda a los niños a crecer.

Perspectivas ambientales

por Annalia, auxiliar administrativa sénior

Me crie en una ciudad del sur de Texas cerca de la bahía. Mi casa estaba alejada, cerca de un santuario de aves migratorias y de un monumento de nativos americanos. Nuestro jardín no tenía una cerca. La puerta trasera de nuestra casa daba justo a la naturaleza.

Una tarde, mis padres decidieron que los tres saliéramos a dar un paseo por un sendero natural cercano. Después de conversar un poco y de señalar algunas flores coloridas, nos topamos con un bello y espinoso árbol de tunas, o nopal, como lo llamamos en el sur de Texas. Como era muy pequeña, me sentí intimidada por las innumerables espinas agudas que sobresalían de los costados. Mi madre me preguntó si sabía lo que había dentro de la planta. ¡No tenía idea! Quizás estaba seco por dentro, ya que los cactus viven en entornos muy áridos.

Mi mamá miró a mi papá y le hizo un gesto para que me enseñara. Mi padre se inclinó y sacó las llaves de su bolsillo. Tomó la llave más grande que había en el aro, perforó la areola del cactus y sacó el contenido del interior para que lo viera. ¡Cuánto jugo había! Quedé realmente intrigada al saber que el cactus tenía un interior suculento, húmedo y pegajoso.

No me di cuenta entonces, pero hice una instantánea mental de ese momento. Me enseñó mucho sobre no juzgar nada por su aspecto exterior. Las espinas del cactus protegen el contenido de su interior blando. Quizás, este ejemplo pueda aplicarse a otros de la vida.

Aprendí que la naturaleza es una maravilla: siempre hay algo que aprender, algo que observar y alguna manera de crecer. Con el tiempo me empezaron a gustar las regiones bucólicas y desarrollé una mejor apreciación y preocupación por la vida silvestre, las granjas y el planeta Tierra. Me asombra la diversidad que el mundo ha producido. La diversidad es, en verdad, parte de la naturaleza.

Puede sonar exagerado, pero esta valiosa lección que aprendí con mis padres infundió en mí un deseo profundo de preservar todas las maravillas de nuestra preciosa tierra. Valoro que mi madre y mi padre siempre generaran oportunidades de aprendizaje en todo lo que nos rodeaba, incluso aunque solo fuera en nuestro jardín. Según parece, toda la naturaleza es nuestro jardín. Siempre es buen momento para aprender de ella.

Experiencias de lenguaje oral para jóvenes aprendices

Sabemos que leer a los niños es un paso fundamental. Desde el comienzo, las criaturas a quienes se les lee son expuestas a la cadencia del lenguaje, y los niños en edad escolar que leen en casa quince minutos por día están expuestos a millones de palabras.

—Randi Weingarten

Cuando los niños leen, observan las palabras escritas en una página y determinan a qué palabras habladas representan esas palabras escritas. Pero para entender lo que están leyendo, los niños deben conocer los significados de esas palabras habladas.

El caudal del vocabulario oral de un niño contribuye a su capacidad de comprender lo que lee y de pronunciar palabras, pues pronunciar una palabra familiar es mucho más sencillo que pronunciar una palabra que el niño rara vez, o nunca, ha oído.

Hay muchas maneras de desarrollar las habilidades del lenguaje oral. Tenga en cuenta que cada niño aprende de distinta manera. A continuación, presento algunos enfoques efectivos.

Un enfoque útil se basa en la idea de que los niños pequeños son muy curiosos sobre el mundo que los rodea. La curiosidad puede crear experiencias valiosas de lenguaje a medida que usted habla con su hijo y responde las preguntas sobre las cosas presentes en el entorno. Por ejemplo, las frutas y las verduras que ven en la tienda pueden ofrecer oportunidades estupendas para desarrollar el lenguaje. Pueden conversar sobre sus distintos colores, texturas y tamaños, o sobre cómo se cultivan. A menudo, hay etiquetas que dicen de dónde provienen. Puede señalar esas etiquetas a su hijo y hablar sobre geografía y las partes del mundo donde se cultivaron esas frutas y verduras. Y, de paso, ¡háblele sobre comer de manera saludable! Más adelante, podrá desarrollar esta experiencia leyendo alguno de los muchos libros infantiles que tratan sobre las plantas y sus ciclos de vida.

Este tipo de experiencias de lenguaje, que incluyen tocar, oler, oír, saborear y ver, ayudarán a su hijo a recordar el lenguaje que ha oído pues se relaciona con los sentidos. Estas experiencias de lenguaje también preparan el terreno para habilidades importantes de lectura, como recordar, comprender, clasificar, secuenciar y recontar historias.

Por supuesto que no es necesario salir de compras para desarrollar el lenguaje. Al conducir, hable sobre las señales de tránsito, los colores de los demás carros y las tiendas que ven en el camino. Mientras cocina, hable sobre los ingredientes que utiliza. Cuando den un paseo por el parque, hable sobre las características de las personas, las mascotas y las plantas que ven.

Cuando no esté hablando, ¡cante! Además del vocabulario que su hijo puede aprender de las canciones, las rimas y el ritmo de la música lo ayudan a advertir cómo las palabras pueden sonar de manera similar y diferente. Lo mejor es que no es necesario que sea un gran cantante para cantar a su hijo o junto con él; lo que importa es su lenguaje.

Las experiencias de lenguaje pueden ser particularmente enriquecedoras cuando se las vincula con la cultura propia de la familia, de la comunidad o del país. Por ejemplo, cuando las familias se reúnen para preparar tamales, pueden hablar sobre cómo ha evolucionado el proceso de tamalada desde el tiempo en que sus bisabuelas molían el maíz para preparar la masa y picaban la carne a mano o con una picadora manual. Estas conversaciones pueden ayudar a su hijo a darse cuenta de que el lenguaje no solo describe las cosas, sino que también se usa para compartir historias, sentimientos y valores. Usted puede reforzar tal experiencia más adelante pidiendo a su hijo que haga un dibujo sobre esto y que hable sobre lo que ha dibujado.

A decir verdad, casi cualquier experiencia en la vida de un niño puede llegar a ser una experiencia de lenguaje enriquecedora. ¡Todo lo que debe hacer es agregar el lenguaje!

Si puedo decirlo, ¡puedo soñarlo!

por Paula, ejecutiva de negocios

Somos ocho hijos: siete hermanas y un hermano, y yo soy la sexta contando desde la mayor. Mi hermano es el menor. No hace falta decir que he tenido muchas maestras. Mis cinco hermanas mayores me cuidaban y, para bien o para mal, poco podía hacer cuando niña sin que alguna de ellas me reprendiera. Además de esas cinco "jóvenes madres", también tuve una madre amorosa y sabia que casi nunca me reprendía, pero que me enseñaba con el ejemplo.

A mi madre le encantaban las palabras. Recuerdo que ella nos contaba que, para cuando cumplió los ocho años, le regalaron un diccionario y lo leyó de principio a fin en dos días. ¡Quedé fascinada con eso! A mí también me encantaban los diccionarios, pero era muy pequeña para usarlos. Eran pesados y difíciles de manipular.

Recuerdo también que, en varias oportunidades, mientras estábamos sentados a la mesa almorzando, invariablemente alguna de mis hermanas mayores usaba una palabra para describir una situación o un sentimiento. Mi madre explicaba amablemente que mi hermana quizás habría querido decir algo un tanto distinto. Entonces se ponía de pie, tomaba el voluminoso diccionario del estante y leía cada uno de los significados en voz alta, hasta que toda la familia se ponía de acuerdo sobre cuál era la palabra más adecuada. A esa altura, la comida ya se habría enfriado un poco, pero todos nos divertíamos. Primero estaba el lenguaje, luego la comida.

Las palabras me han fascinado desde que tengo memoria. Siempre pensaba en palabras antes de irme a dormir, mientras jugaba en el jardín y cuando caminaba. Solía inventar palabras y enseñárselas a mis amigos, y algunas de mis palabras eran adoptadas por algún tiempo. Algunas jamás quedaban.

Comencé a aprender inglés cuando tenía 11; por supuesto, hablaba mi lengua materna con fluidez y estaba muy ansiosa por aprender inglés lo más rápido posible. Practicaba formulando oraciones completas en mi mente. Cada vez que no conocía una palabra que necesitaba para mi oración (y pasaba todo el tiempo), la inventaba. Y funcionaba hasta que finalmente aprendía la palabra correcta y la podía reemplazar.

El ejemplo de mi madre y mi fascinación por las palabras y los idiomas me ayudaron a aprender cinco idiomas con fluidez y enseñar cuatro de estos. También he podido vivir en países donde disfruté de distintas culturas, lo cual enriquece mucho más la experiencia de hablar esos hermosos idiomas y los hace más interesantes. Es aleccionador reconocer que la chispa que me llevó a mi doctorado en lingüística aplicada, mi pasión por la enseñanza y mi carrera corporativa fue encendida hace mucho, con mucha dulzura y sutileza, y con mucho amor.

El enfoque de un niño pequeño en el aprendizaje

El aprendizaje jamás agota la mente.

—Leonardo da Vinci

Es importante prestar atención no solo a aquello que queremos que los niños aprendan, sino también a la manera en que ellos aprenden. Sabemos que es fundamental ayudar a los niños a convertirse en estudiantes exitosos; y, en cierto modo, es en donde más hay que poner el esfuerzo. En este capítulo, describiré algunos enfoques para el aprendizaje y el desarrollo socioemocional.

Enfoques para el aprendizaje

Las actitudes de los niños respecto del aprendizaje se pueden describir de alguna de las siguientes maneras:

- **Iniciativa/curiosidad:** ¿Tienen interés por aprender?
- **Resolución de problemas:** ¿Pueden elaborar una solución a un problema?
- **Perseverancia/atención:** ¿Pueden trabajar en una tarea y completarla?
- **Cooperación:** ¿Pueden llevarse bien con los demás y trabajar con ellos?

A todos estos puntos se los denominan como "enfoques para el aprendizaje". Como maestra, siempre trabajé en pos de crear oportunidades para que mis estudiantes se desarrollaran en estas cuatro áreas. ¡Los padres también pueden lograrlo! A continuación, presento algunos ejemplos de cada uno.

Iniciativa/Curiosidad

- Use la curiosidad que su hijo tiene por naturaleza. Incentive a su hijo a preguntar "¿por qué?".
- Pida a su hijo que intente realizar nuevas actividades, como modelar con arcilla o hacer rodar carros de juguete por rampas de cartón. Haga preguntas para estimularlo a que se pregunte, por ejemplo: "¿Por qué eso es blando?" y "¿por qué crees que ese carro va más rápido cuando la rampa está más inclinada?".
- Pruebe cambiar periódicamente los juguetes de su hijo. Una manera podría ser guardar durante un tiempo los juguetes viejos dentro de una funda de almohada o de una caja. Más adelante, vuelva a incorporar estos juguetes y se verán como nuevos. Luego, ayude a su hijo a crear nuevas maneras de jugar con ellos.
- Lleve a su hijo a dar un paseo por la naturaleza y conversen sobre el medioambiente para que se interese por el mundo que lo rodea.
- Pruebe ir a un lugar nuevo tan a menudo como sea posible. Por ejemplo, vayan a un museo nuevo, un centro de arte, un evento musical, un parque o algún evento en la biblioteca.

Resolución de problemas

- Comience con rompecabezas sencillos y pida a su hijo que trabajen juntos para armarlos, mientras lo guía para ver las partes y el todo.
- Trabajen sobre un problema paso a paso. Por ejemplo, a su hijo quizás se le haga difícil entender cómo completar una tarea, como doblar toallas. Divida la tarea en pasos más fáciles explicando qué hacer mientras le muestra cómo hacerlo: "Primero, doblamos la mitad superior; luego, doblamos este lado".
- Para ayudar a desarrollar actitudes positivas para la resolución de problemas, haga preguntas que fomenten la imaginación, como: "Si tuvieras que ir conmigo hasta el carro y comenzara a llover, ¿qué harías?".

Perseverancia/Atención

- Dé una tarea que exija perseverancia para ser completada, como guardar juguetes en un cesto. Aumente la dificultad y el tiempo que se necesita a medida que su hijo crezca. Por ejemplo, pida a su hijo que cuide un jardín o una mascota durante un tiempo.
- Jueguen a juegos que exijan que su hijo haga una, dos y, luego, tres cosas seguidas. Por ejemplo, diga: "Ponte de pie, pon tus manos en la cabeza y voltéate".
- Procure actividades cotidianas en casa que su hijo debería poder completar en un período y con una atención cada vez mayores, como colocar servilletas en la mesa y luego añadir utensilios a los lados correctos de los platos. O, a medida que su hijo crece, anímelo a terminar la tarea de la escuela o una tarea doméstica sin ayuda.
- Planifique con su hijo proyectos simples de manualidades. Con el tiempo, elija manualidades que demanden un rango de atención más extenso al requerir múltiples pasos, como enhebrar macarrones en un hilo o hacer un collar.

Cooperación

- Jugar con otros es muy importante. Lleve a su hijo a un parque público, a un museo interactivo o a una actividad deportiva que le ayude a desarrollar destrezas de cooperación.
- Cooperar con otros incluye llevarse bien con los adultos y con los amigos. Ayude a su hijo a cooperar con los abuelos y con otros familiares de distintas edades.
- Lea libros que traten sobre la cooperación, compartir, llevarse bien y trabajar en equipo.

Desarrollo socioemocional

La manera en que los niños se sienten acerca de sí mismos influye en su enfoque para el aprendizaje. Es por eso que los maestros prestan atención a lo que llamamos el "desarrollo socioemocional".

La tabla siguiente muestra algunos ejemplos:

Concepto de sí mismo	¿Su hijo puede elaborar de manera articulada sus preferencias, sus pensamientos y sus sentimientos y además demostrar ser independiente?
Emociones y comportamiento	¿Su hijo puede comprender y expresar sus propios sentimientos y además adaptarse a situaciones nuevas?
Autorregulación	¿Su hijo puede comprender sus propias emociones, su comportamiento y sus impulsos además de seguir reglas para expresarlos de manera apropiada?
Relaciones sociales	¿Su hijo puede llevarse bien con los demás, comprender sus sentimientos y empatizar con ellos?

Todo niño hace su propio camino hacia el desarrollo socioemocional. Su tarea como padre o madre es la de ofrecer oportunidades para el desarrollo y ayudar a su hijo a aprovecharlas, no "empujarlo" para que se desarrolle más rápido.

A medida que su hijo pequeño crezca y se desarrolle, sus enfoques para el aprendizaje se transformarán en habilidades importantes y en estrategias poderosas para convertirse en un estudiante exitoso y comprometido, dispuesto a trabajar con los demás. El desarrollo socioemocional de su hijo le dará las bases para la autoconfianza en sus interacciones y esto le permitirá arriesgarse e intentar cosas nuevas, lo que es fundamental para el aprendizaje.

La buena noticia es que usted puede apoyar este tipo de desarrollo haciendo lo que todo padre o madre hace de manera natural: brindando amor, motivación y oportunidades.

Sábados por la mañana con mamá

por Roseann, directora de evaluaciones

Antes de comenzar el kínder, mi madre decidió programar semanalmente un "momento de sábado por la mañana". Cada semana hacíamos un proyecto compartido hojeando revistas y periódicos durante una hora o dos para hallar cosas de las que "nosotras" queríamos saber más. Luego, investigábamos sobre el tema para aprender más.

Durante los primeros años, yo recortaba muchas imágenes de animales e insectos; más tarde me interesé por cómo vivían las personas de todo el mundo y cuán distintas (y cuán parecidas) eran respecto de mí. Conseguí muchos amigos por correspondencia de lugares interesantes, como Londres, Tokio, una pequeña ciudad a cientos de millas de mi casa en Ohio y una pequeña ciudad en las afueras de París. Mi mamá complementaba esos proyectos con visitas a la biblioteca para buscar información adicional. Ella me incentivaba a escribir mis pensamientos en un diario antes de ir a dormir por la noche. Mis pensamientos eran importantes para ella.

Cuando ingresé a la escuela secundaria y luego a la preparatoria, comenzamos a desplazar nuestro enfoque (menos concretamente) hacia mis preocupaciones y problemas y, finalmente, hacia los temas nacionales e internacionales, pero siempre con soluciones potenciales desde distintos puntos de vista. También agregábamos metas anuales y las acompañábamos con estrategias para lograrlas. Este tiempo de estrecha vinculación con mi madre devino en una serie de álbumes de recortes y cuadernos que documentaron mi infancia, además de una búsqueda eterna para aprender cosas nuevas, lo que me dio la confianza para llegar a ser la pensadora independiente que soy en la actualidad. Atesoro esas lecciones que aprendí de otra generación. El regalo del tiempo y del interés bajo la dirección de un padre o una madre es invalorable y eterno.

Arrope a su hijo con el éxito

No es lo que hacemos por nuestros hijos, sino lo que les hemos enseñado a hacer por sí mismos lo que los hará seres humanos exitosos.

—Ann Landers

Uno de los recuerdos favoritos de mis hijos y de mis nietos es el amor que tenían por sus cobijas. Me vienen a la mente esos recuerdos cada vez que veo el libro *The Quilt Story* [La historia del acolchado], de Tory Johnson y Tomie de Paola, sobre una niña que encuentra un acolchado que la ayuda a sentirse segura en un nuevo hogar.

También descubrí que la imagen de un acolchado es una manera ideal de transmitir nueve ideas que pueden ayudar a los padres a dar a sus hijos seguridad y confianza, no solo en el presente, sino también en el futuro.

Estos son los nueve elementos o ideas; cada uno los cuales puede pensarse como una parte del acolchado:

Experiencias	Lectura compartida	Escritura compartida
Rutinas	Tiempo	Responsa-bilidades
Explicaciones	Curiosidad	Imaginación

La tabla siguiente tiene más información sobre cada una de las nueve ideas (qué significan y qué actividades puede hacer con su hijo):

Elemento	Qué significa	Cosas que puede hacer
Experiencias	Implique a su hijo en una variedad de actividades. Cuando lo haga, hable con él, escuche lo que tiene para decir y haga preguntas.	Comparta momentos para cocinar, ir al parque, jugar a un juego, visitar parientes, ir a eventos de la comunidad o visitar museos.
Lectura compartida	Dedique tiempo para leer juntos.	Los libros de rima ayudan a los niños a reconocer sonidos similares. Los libros de cuentos pueden volver a contarse con sus propias palabras. Los libros de no ficción enseñan sobre el mundo. Cuando lea con su hijo, dedique tiempo para preguntar y responder sobre lo que leen y señale letras y palabras que su hijo puede aprender a reconocer.
Escritura compartida	Dedique tiempo para escribir juntos.	Cree un menú, una lista de compras o una invitación. Pida a su hijo que haga un dibujo de algo que hicieron juntos y que le cuente qué escribir sobre esto.
Rutinas	Mantenga un programa consistente de eventos por día y por semana.	Establezca rutinas de las que su hijo pueda depender. Elabore una tabla ilustrada del día para niños pequeños que muestren actividades como despertarse, lavarse los dientes, desayunar, ir a la escuela, etc.
Responsabilidades	Ofrezca oportunidades para que los niños contribuyan a mantener la casa.	Muestre a su hijo cómo doblar toallas pequeñas, ordenar calcetines, recoger y guardar juguetes y colocar la ropa sucia en un cesto para la lavandería.
Tiempo	Dedique un tiempo cada día para enfocarse en sus hijos.	Programe momentos del día para conversar con su hijo y escucharlo; asegúrese de que su hijo sepa que sus pensamientos y sentimientos son importantes.

Elemento	Qué significa	Cosas que puede hacer
Explicaciones	Dedique tiempo para explicar el mundo que rodea a sus hijos.	Hable sobre lo que ve: el clima, las estaciones, la manera en que se sienten las personas, los ciclos de vida de las plantas, las características y los comportamientos de los animales, entre otras cosas. Si su hijo quiere aprender más sobre algo, vayan juntos a la biblioteca para buscar los libros adecuados.
Curiosidad	Incentive a su hijo a preguntar: "¿por qué?" y "¿cómo?".	Ayude a su hijo a juntar cosas y a separarlas; permita que haga preguntas. Responda no solo con respuestas, sino con preguntas, como: "¿Qué crees que sucederá si...?".
Imaginación	Ofrezca a su hijo oportunidades para ser reflexivo, creativo e ingenioso.	Comience a contar historias a su hijo para que las termine. Haga preguntas, como: "¿Qué aspecto crees que tiene esa nube?". Anime a su hijo a crear proyectos artísticos o de construcción con materiales disponibles. Ofrezca libros que ayuden a pensar de manera ingeniosa.

Estas actividades son reconfortantes y agradables para los niños, y también ayudan a construir las bases de lo que los niños deben saber y hacer para tener éxito en la escuela. Por ejemplo, los niños deberán comprender cómo se organiza el día (rutinas) y qué necesitan hacer para la tarea escolar (responsabilidades). Deberán leer tareas y escribir sobre lo que piensan (lectura y escritura compartidas). Deberán explicar temas que hayan investigado (explicaciones) y elaborar presentaciones originales, cuentos o trabajos artísticos (imaginación). Su hijo también deberá hacer presentaciones sobre eventos y lugares (experiencias) e investigar sobre temas de los que querrá descubrir más (curiosidad).

En general, este acolchado de nueve ideas (lo que denomino "cobija para el éxito") ofrece guías que pueden ayudar a cualquier padre o madre a enseñar a su hijo a hacer cosas "... por sí mismo, cosas que harán de él un ser humano exitoso".

Aprender gracias al amor

por Adelfino, profesor y contador público

Fue durante mis primeros años en la escuela que me di cuenta de la importancia de la educación. Tanto mis abuelos como mis padres insistían en la importancia de la educación para tener éxito en la vida. El amor que tenía por mis abuelos y por mis padres me inspiró a hacer lo mejor posible en la escuela. Vengo de una familia de seis hermanos. Como soy el mayor, vi las dificultades económicas de la familia, y supe que la única manera de salir adelante sería adquirir la mayor educación posible.

Mi deseo de esforzarme en la escuela pasó a otro nivel en séptimo grado. Era la segunda hora cuando vi a una niña de la que me enamoré. Cuando repartieron el boletín de calificaciones de las seis primeras semanas, uno de nuestros compañeros había logrado una "A" en toda la libreta, y la niña le dio una gran importancia al logro de este compañero. Pues bien, ya sabía lo que debía hacer. Me dediqué a lograr lo mismo. En resumen, para noveno grado tenía el boletín de calificaciones perfecto: todas "A", ningún ausente y conducta perfecta. Logré captar su atención.

Aquellos primeros años me inspiraron a esforzarme y a usar los talentos que tenía para ayudar a inspirar a los jóvenes a buscar sus propias metas en la vida. Hoy soy profesor de contabilidad en un instituto de enseñanza terciaria de mi ciudad. También tengo mi propio estudio de contaduría con mi hija mayor como socia comercial.

Todos los días doy gracias a Dios por la niña que conocí en séptimo grado. Ha sido mi esposa por 41 años y sigue inspirándome. Con cinco hijos y 12 nietos, sigue existiendo un deseo constante de inspirarlos y de ayudarlos a alcanzar sus metas.

Desarrollo motor fino

Desarrollar las habilidades motrices de un niño es extremadamente importante porque el desarrollo motor es el mediador del desarrollo cognitivo, social y emocional. Las habilidades motrices predicen mucho de lo que sucederá más adelante en la vida, por lo que tendría que ser algo de lo que todos deberíamos preocuparnos en los primeros años de la vida de un niño.

—Priscila Caçola

Una vez que los niños descubren sus dedos, a los padres les emociona ver cómo ellos aprenden a controlar esos deditos para que puedan sujetar, pellizcar o apretar el puño. Los expertos en desarrollo infantil denominan *desarrollo motor fino* al proceso por el cual los niños aprenden a usar los músculos pequeños de las manos y de los dedos. Esto incluye el desarrollo tanto del control como de la fuerza para sujetar y para el movimiento de pinza (usando juntos el pulgar y el índice), y finalmente para la escritura.

Las destrezas del desarrollo motor fino no solo influyen en el aprendizaje y en las habilidades cotidianas, sino que también constituyen un aspecto importante de la capacidad del niño de participar en actividades independientes. Por lo tanto, es fundamental que los niños tengan oportunidades en casa, desde que nacen hasta que ingresan al kínder, de practicar usando estos músculos.

A continuación se presentan algunos ejemplos de habilidades motrices finas que los niños usan a diario:

- abotonar una camisa o un abrigo
- subir el cierre de los pantalones
- cerrar el broche de un pantalón de mezclilla
- atar cordones
- recoger un pequeño trozo de fruta con los dedos

A continuación, se presentan algunos ejemplos de habilidades motrices finas que los niños usan en la escuela:

- dar vuelta las páginas de un libro
- dibujar con un crayón
- usar tijeras de punta redonda
- agrupar figuras pequeñas
- enhebrar cuentas
- usar una tableta

Las familias pueden hacer actividades similares para ayudar a sus hijos a practicar en un ambiente lúdico. También hay objetos en casa que una familia puede usar para fomentar la práctica en el uso de los músculos pequeños de la mano (asegurándose siempre de que ninguno de los objetos elegidos presente peligro de asfixia).

La siguiente tabla muestra algunas actividades interesantes para probar:

Actividad	Consejos para los padres
Serpiente de arcilla para modelar	Dé a su hijo una porción redonda de arcilla para modelar e invítelo a hacer rodar la masa hacia adelante y hacia atrás sobre la mesa, usando sus palmas, hasta que parezca una serpiente. Anime a su hijo a usar la presión de pinza para levantar la serpiente, y luego muestre a su hijo cómo enrollar la serpiente.

Actividad	Consejos para los padres
Hora de subir el cierre y de abotonar	Cuando ordene la ropa de la lavandería, dé a su hijo toallas pequeñas para doblar, camisas para abotonar y cierres para subir. Para variar, use un temporizador para medir el tiempo que le demanda abotonar una camisa más de una vez y, luego, compare los tiempos.
Patrones con pasta	Dé a su hijo algunas variedades de pasta seca en un tazón y pídale que arme un patrón usando la pasta, tomando una porción por vez.
Habilidades con la tijera	Ofrezca a su hijo tijeras de punta redonda y explique qué puede cortarse y qué no. Dé a su hijo la tapa de una caja y una página de periódico viejo, y muéstrele cómo cortar tiras de periódico con las tijeras. Luego, pida a su hijo que coloque las tiras dentro de la tapa de la caja.
Paseo por la naturaleza	Dé un paseo con su hijo por la naturaleza y lleven consigo una bolsa o caja para guardar objetos especiales que puedan recolectar. Muestre a su hijo cómo usar la presión de pinza para recolectar objetos, como una piedra especial, una hoja bella, una rama de forma divertida o una bellota. Incentive a su hijo a colocar los objetos en la "caja para la caminata".

Hay muchas más actividades creativas e interesantes que pueden ayudar a su hijo a usar sus músculos pequeños durante el día. Y a medida que estimula a su hijo para que intente realizar estas actividades, descubrirá que no solo lo está ayudando a desarrollar habilidades importantes, sino que también le está dando algo más importante: ¡tiempo especial compartido con usted!

Actividades diarias

No todas las aulas tienen paredes.

—Anónimo

Aprender a cocinar y cocinar para aprender

La vida es lo que nos sucede mientras estamos haciendo otros planes.

—Allen Saunders

Cocinar puede ofrecer oportunidades estupendas para generar experiencias de aprendizaje para los niños. Estas experiencias son especialmente poderosas porque hacen participar todos los sentidos: oler, saborear, tocar, oír y ver; esta es la razón por la que los recuerdos que se generan en la cocina duran toda la vida. Con un poco de cuidado y preparación, usted puede utilizar este momento especial para ayudar a su hijo a construir conocimientos y habilidades importantes de lectoescritura, matemáticas, ciencias, salud e, incluso, artes.

Antes de comenzar a cocinar, ¡debe primero reunir los ingredientes! Planificar y hacer listas son maneras interesantes de desarrollar habilidades matemáticas, de lectoescritura y de pensamiento crítico, porque muestran a los niños las relaciones que existen entre nuestras ideas y las palabras y los números escritos que representan esas ideas. Ayude a su hijo a crear una lista proporcionando una página en blanco con números al costado. Incluya bastante espacio entre cada número. Luego, pida a su hijo que escriba la palabra correspondiente o que haga un dibujo de cada objeto que necesita recolectar. No se preocupe por la ortografía o por la legibilidad. Asegúrese también de pedir a su hijo que escriba la cantidad necesaria de cada objeto, lo que lo ayudará a experimentar el uso de los números para mostrar tanto una secuencia (numerar en orden la lista) como una cantidad (cuánto). Hay también otras maneras

> Cocinar juntos es el momento ideal para comentar las tradiciones familiares y de la comunidad.

de elaborar listas. Por ejemplo, pueden juntar publicidades de tiendas de comestibles con imágenes de alimentos.

Ayude a su hijo a buscar y recortar (¡con tijeras de punta redonda!) las imágenes de los elementos necesarios para elaborar sus comidas. Luego, pídale que pegue las imágenes junto a los números de la lista. Usar tijeras ayuda a desarrollar la coordinación ojo-mano y fortalece los músculos que se usan para escribir.

Después de comprar los elementos de la lista y de traerlos a casa, hay mucho más que su hijo puede aprender. A continuación hay algunas actividades para probar:

- Coloque todos los elementos en la cubierta de la cocina para jugar a un juego de clasificar, como juntar todo aquello que sea verde. Para los niños más grandes, recolecte todo aquello que tenga forma de cilindro.
- Juegue a un juego de adivinanzas, que ayuda a desarrollar el vocabulario descriptivo, haciendo preguntas como: "Estoy pensando en algo largo, delgado y verde claro, con pequeñas rugosidades a los lados. ¿Qué es?".
- Trabajen juntos para crear un libro usando las etiquetas de las latas o de las cajas (lo que los educadores en lectura denominan *palabras del entorno*): (1) Retire y limpie las etiquetas con cuidado. (2) Colóquelas en páginas protectoras transparentes perforadas con antelación para poder guardarlas en una carpeta de tres anillos. (3) Colóquelas en una carpeta. Cuando sea el momento de cocinar, saque la carpeta y pida a su hijo que mire las páginas y le cuente sobre cada clase de alimento.

Quizás lo más divertido que los niños vean en la cocina sea observar la manera en que los alimentos cambian cuando se los cocina. El proceso de cocción es fascinante, y los niños pequeños pueden observar a una distancia prudente, lejos de superficies calientes y objetos filosos. Por ejemplo, para su hijo es asombroso verlo pelar, rebanar y/o cortar papas en cubos, colocarlas en agua hirviendo, revisar que se hayan ablandado, ver su blandura, desmenuzarlas y, una vez frías, ¡saborearlas!

¡El vocabulario que use para describir estos pasos también puede ser muy interesante! Asegúrese de describir la manera en que lucen y se sienten las papas antes de cocinarlas, usando palabras como *duras* y *sólidas*.

Después de hervir y desmenuzar las papas, comente cómo lucen ahora, usando palabras como *pastosas, fofas* o *blandas*. Guiar a su hijo para que distinga que el puré de papas está a mitad de camino entre un sólido y un líquido lo ayudará también a comprender conceptos importantes de la ciencia sobre cómo se clasifica la materia.

Medir los ingredientes es otra manera interesante de construir conceptos y habilidades matemáticas. Muestre a su hijo sus cucharas y tazas medidoras y explique por qué es importante medir los ingredientes en una receta. Ayude a su hijo a verter arroz en una taza medidora y agréguelo a la arrocera junto con el agua medida. Permita que mida especias en fracciones (1/2, 1/4, 1/8) de cucharada de té. Es posible que su hijo no comprenda totalmente lo que significan las fracciones, pero aprenderá con la experiencia que, por ejemplo, un cuarto es menos que un medio. Esta experiencia podrá llegar a ser el fundamento para entender más adelante qué representan esos símbolos.

También puede probar con este emocionante experimento científico: permita a su hijo cocinar una combinación de ingredientes de su elección para ver qué resulta (en cantidades pequeñas, por supuesto).

Cocinar juntos es el momento ideal para comentar las tradiciones familiares y de la comunidad. Puede fortalecer las relaciones de su hijo con los familiares y con los miembros de la comunidad mientras sienta las bases para comprender en el futuro la idea de cultura, incluyendo enseñar los nombres de las comidas en la lengua materna de la familia.

Finalmente, considere hacer de la planificación del menú una actividad familiar porque naturalmente llevará a un debate sobre buenas opciones de alimentos.

Quizás lo mejor de todo es que es una extensión natural de una actividad familiar para ayudar a su hijo a darse cuenta de que la lectura, la escritura, las matemáticas, los estudios sociales, las ciencias y el arte, al igual que la harina, la manteca y los huevos, son "ingredientes" básicos de los grandes platos.

Recordando a mis abuelitos

por Laura, maestra

Mientras crecíamos, mi hermana y yo viajábamos a México todos los veranos con mis abuelos. Todos los años esperaba ansiosa ese viaje en carro de 18 horas hacia el sur, hasta Torreón, Coahuila. Recuerdo que los días y las semanas previas a ese viaje estaban llenos de emoción, entusiasmo y alegría. Empacaríamos las maletas y las guardaríamos en el carro la noche anterior, y nos despertaríamos en las primeras horas de la mañana para emprender un viaje durante todo el día. Todavía puedo oír los pájaros piando temprano en el silencio de la noche y sentir el aroma del amanecer.

Como niña entusiasta que era, ayudaba cuanto podía y siempre estaba llena de preguntas: sobre el viaje en sí, nuestra historia familiar, la edad de nuestros parientes, a quiénes visitaríamos primero y a qué hora llegaríamos. Si bien era un viaje anual y las respuestas nunca cambiaban, ¡yo seguía preguntando! Luego venían las preguntas sobre los puntos de referencia, a medida que estos se acercaban más y más; finalmente, haría las preguntas redundantes que todo niño hace, como: "¿Ya llegamos?".

Mis abuelos tenían una manera de responder a la infinidad de mis preguntas con algo más que solo un "sí" o un "no". Sus respuestas venían seguidas de asombrosos cuentos, canciones, rimas, acertijos y datos. Ellos narraban cuentos que nosotros podíamos completar con la siguiente palabra y acertijos de los que ya conocíamos la respuesta. En el momento

en que ellos decían la primera palabra, ya sabíamos las canciones, y las podíamos cantar una y otra vez hasta quedarnos dormidas en el carro. Lo más bello para mí de todo esto es que todo lo que ellos nos contaban, cantaban y recitaban estaba en mi primera lengua: el español.

Ni en un millón de años me iba a imaginar que esto sería una influencia para mi vida como persona adulta. Porque de todas estas hermosas experiencias no solo mis abuelos fueron mis primeros maestros, sino que me dieron oportunidades de experimentar la riqueza y la belleza de mi herencia y de mi cultura.

Hoy tengo un conocimiento de primera mano de esa herencia y de esa cultura, y lo comparto con muchos de los estudiantes que entran a mi clase por primera vez. Soy docente dual/bilingüe. Qué sentimiento tan maravilloso sobreviene cuando veo los rostros de mis estudiantes iluminados por el asombro y la admiración cuando canto "dos y dos son cuatro y cuatro y dos son seis" para que su primera experiencia de clase estructurada sea un poco más fácil y más acogedora. Saber que puedo lograrlo gracias a mis abuelos me derrite el corazón y, permítame agregar, ¡he aprendido a contener las lágrimas!

Música para jóvenes aprendices

La música es la lengua universal de la humanidad.

—Henry Wadsworth Longfellow

La educación de cada niño debe ser equilibrada e incluir los fundamentos de la lectura, la escritura, las matemáticas, las ciencias, los estudios sociales y las artes. Las artes suelen ser una idea adicional, pero tienen valor inherente y ofrecen maneras muy efectivas para que los niños pequeños hagan conexiones, comprendan ideas y aprendan destrezas en todas las otras áreas de contenido, sobre todo lo "básico" de la lectura, la escritura y las matemáticas. La música, sobre todo, es una parte importante de la vida de un niño pequeño que debería usarse para la diversión y el aprendizaje.

Las canciones pueden usarse para ayudar a los niños a aprender muchos temas y aspectos de la lectura, las matemáticas, las ciencias y los estudios sociales. Aquí hay algunos ejemplos:

Canción	Habilidad
La canción del alfabeto	Nombres y secuencia de letras
El granjero en la cañada	Secuenciación
Hokey Pokey	Las partes del cuerpo
Mi hogar es la pradera	Estudios sociales
Estrellita dónde estás	Ciencias
Las ruedas en el autobús	Palabras descriptivas

Estas, y otras similares, son canciones que a los niños les encanta cantar una y otra vez. Esta repetición es importante para los jóvenes aprendices. Además, las rimas y los ritmos que los niños escuchan en estas canciones los ayudan a desarrollar habilidades de lectura, como reconocer palabras de una misma familia de palabras (como *mar*, *marino* y *marea*) e identificar sílabas en las palabras.

Las canciones son mucho más divertidas cuando los niños pueden cantarlas con sus propios instrumentos de ritmo. Haga un bongó con una lata vieja de avena o ponga macarrones en una pequeña bolsa de papel y cierre la bolsa para hacer maracas. Incluso batir las palmas al ritmo de una canción la hace más divertida y refuerza la experiencia de lenguaje. Es también una manera fabulosa para que los niños aprendan a contar.

La música que se transmite de generación en generación es invaluable y ayuda al aprendizaje sobre el lenguaje, la herencia, la cultura y los estudios sociales. Haga participar a los abuelos pidiéndoles que enseñen canciones de su infancia a sus nietos, ya sea en inglés o en su lengua nativa.

Se han escrito muchos libros maravillosos para niños sobre los instrumentos musicales. Un recurso ideal para enseñar a los niños sobre los diferentes instrumentos musicales es "Pedro y el lobo", una sinfonía del compositor Sergei Prokofiev, en donde los personajes son representados por instrumentos de la orquesta.

El don de la música

por Daniel, ingeniero de sonido

Cuando tenía tres años, mi abuelo me regaló mi primer instrumento musical: una guitarra acústica. Observó que me gustaba cantar, y como él tocaba la guitarra y le gustaba cantar canciones de mariachis, comenzó a nutrir mi talento musical enseñándome lo que él sabía. Cuando estaba en cuarto grado, me uní al coro de la iglesia, y él se comprometió a que yo no faltara a ningún ensayo durante los siguientes ocho años; al menos, hasta que fuera lo suficientemente mayor como para manejarme por mi cuenta. Cuando estaba en quinto grado, mi escuela organizó una clase de bandas musicales y yo me anoté para tocar el saxofón. Fue mi abuelo quien me regaló mi primer saxofón, que usé todo el tiempo que estuve en la preparatoria.

Mi madre y mi abuelo siempre me animaron a seguir mis intereses. Han sido varios, por lo que nunca pensé que llegaría a ser músico. Tocar música era, sencillamente, algo que hacía porque era divertido, igual que jugar al básquetbol.

Yo era bueno para jugar al básquetbol, pero sabía que jamás haría de eso una profesión. Mi madre se esforzó para pagarme una escuela privada, y yo tenía planes de ir a la universidad para llegar a ser un profesional de traje y corbata. Pero, afortunadamente, no es eso lo que ellos esperaban de mí. Hoy soy músico profesional e ingeniero de grabación, y todo comenzó con aquella pequeña guitarra acústica que mi abuelo puso en mis manos cuando yo era un niño pequeño.

Aprender con juegos de agua

El agua es la fuerza motriz de toda la naturaleza.

—Leonardo da Vinci

El agua fascina a los niños pequeños. Independientemente de la cantidad, siempre es importante pensar en la seguridad cuando de agua se trata, y asegurarse de que los niños pequeños estén supervisados adecuadamente. Teniendo esto en cuenta, ¡hablemos sobre jugar con agua!

Un pequeño contenedor lleno de agua sobre una mesa puede ofrecer a los niños pequeños horas de aprendizaje. Cuando los niños participan de experiencias donde se juega con agua, ¡el rango de atención nunca es breve! Crear este tipo de experiencia es un proceso de tres sencillos pasos:

1. Ofrezca objetos a su hijo con los que pueda explorar, como los siguientes:
    - tazas medidoras de plástico que puedan flotar
    - tazas de cerámica de distintos tamaños que no flotan (que no sean frágiles)
    - tubos
    - tubos de PVC pequeños
    - tamices
    - botes
    - botellas plásticas
    - cucharas medidoras
    - plumas

- piedras
- embudos
- juguetes pequeños de plástico
- bloques de madera
- un batidor de huevos viejo

2. Súmese a la diversion:
    - Llene y vacíe los contenedores.
    - Use las líneas de medición en las tazas medidoras para ayudar a enseñar palabras y desarrollar el lenguaje, como *lleno, vacío, medio lleno, 1 taza* y *2 tazas.*
    - Compare objetos que flotan con aquellos que se hunden.
3. Hable sobre lo que usted y su hijo observan, como en los siguientes ejemplos:
    - Como el agua es un líquido, cambia su forma para adecuarse al contenedor en el que está.
    - Algunos objetos flotan en agua, otros se hunden.
    - La forma de un objeto puede ayudar a determinar si flota o se hunde.

A veces es difícil cumplir con el paso 3 durante la actividad porque su hijo puede quedar tan absorto que no tendrá tiempo para usted. ¡Eso es genial! Tome algunas fotos de su hijo mientras juega; luego, muéstrele las fotos y haga preguntas sobre lo que estaba sucediendo. Tener conversaciones como esta ayudarán a su hijo a construir conocimientos y aprender a describir ideas, entre estas, los conceptos de líquido, densidad, flotabilidad, medida, materia y peso; todos estos son conceptos de la ciencia física que deberá entender. No necesariamente su hijo usará o logrará comprender todavía estas palabras, pero gracias a la exploración, habrá adquirido experiencia con estos conceptos.

Por supuesto, hoy en día no es necesario limitarse solamente a las fotos inmóviles: puede capturar y presentar videos breves que ilustren los objetos que usted desea que su hijo observe y comente. Tampoco es necesario que haga esta actividad con un recipiente de agua en una mesa; puede hacerse durante la hora del baño, seguida de una conversación a la hora de irse a dormir.

Al igual que con muchos temas sobre las ciencias, hay algunos libros sobre el agua que son estupendos para los niños. Uno de mis favoritos es *El agua siempre cambia,* de Lisa Westberg Peters. Comparta este libro con su hijo para ayudar a desarrollar la comprensión sobre la evaporación, la condensación, la erosión y la manera en que el agua fluye, por medio de textos e imágenes diseñados para el nivel de lectura de un niño pequeño.

La siguiente tabla contiene más ideas para explorar con el agua:

Actividad	Consejos para los padres
"Pintar" con agua	Vierta una pequeña cantidad de agua en un tazón de plástico. Ofrezca a su hijo un pincel grueso y pídale que "pinte" con agua en la acera, en el parque o en un bloque de cemento del patio. Hablen sobre las imágenes o las letras "que desaparecen". Esto puede ser una estupenda introducción a un debate sobre la evaporación.
Burbujas	Adquiera un batidor de huevos o una batidora manual en alguna tienda de "todo por un dólar". Vierta detergente para lavar los platos en un contenedor grande e invite a su hijo a jugar con las burbujas usando el batidor. ¡Esto también le dará a su hijo una oportunidad para la coordinación manual!
Cubos de hielo	Coloque cubos de hielo en una servilleta y pida a su hijo que observe cómo se derrite el hielo. Pídale que sostenga el cubo por alrededor de un minuto y comente cómo el calor de su mano hace que el hielo se derrita más rápido.
Flotar y hundirse	Durante la hora del baño, hable sobre las esponjas y cómo estas absorben el agua. Compare y contraste la esponja con una barra de jabón, que no absorbe el agua. Compare si pueden flotar. Intente hacer flotar y hundir otros objetos. Haga preguntas para saber por qué su hijo cree que sucede esto y cómo el peso y la forma pueden marcar una diferencia.

Recuerde que no es necesario ser maestro de ciencias para enseñar a su hijo conceptos como estos. Todo lo que debe hacer es crear un entorno con cosas interesantes para explorar y objetos con los que explorar. Lleve a su hijo a ese entorno y vuélvase curioso y muestre interés en lo que su hijo ve, oye y toca, y explore a la par con él. Al hacer esto estará sembrando semillas de conocimiento sobre conceptos de la ciencia física que su hijo pronto verá formalmente en la escuela.

La isla de los cangrejos

por Nicole, maestra

Algunas familias tienen un lugar o sitio especial que las inspira y las rejuvenece. De niña, y ahora para mis propios hijos pequeños, ese lugar es Crab Island [la isla de los cangrejos], un grupo de rocas donde la arena llega a la orilla en Green Hill Beach, Rhode Island. He aprendido muchas lecciones en Crab Island que sigo transmitiendo a mis pequeños hijos y a mis estudiantes, desde matemáticas hasta atletismo.

No fue sino hasta que me convertí en adulta que me di cuenta del impresionante valor del equilibrio y la movilidad necesarios para navegar físicamente por Crab Island; ¡inspira nuestra práctica de yoga! Recolectamos y clasificamos rocas y otros tesoros ocultos e identificamos, observamos y aprendemos a respetar la vida marina. Inspirada por un libro para niños, transporté una vez 50 rocas de un estado a otro para que mis estudiantes pudieran pintar y así demostrar su singularidad. A menudo, cuando me siento a escribir, me inspiro en Crab Island: el rugido del océano, el olor del aire salado y la sensación de libertad producto de la exploración.

Hace poco leí un artículo que comentaba que los niños podrían estar experimentando más problemas de procesamiento sensorial al no estar tan en contacto con la naturaleza y con la libertad para explorar. Este tema me interesa tanto desde lo profesional como desde lo personal, y no puedo evitar pensar en Crab Island. He observado a mis hijos y a otros niños del vecindario aprovechar su autonomía para atreverse a pararse sobre rocas resbaladizas y poder tocar el agua. Lo que más noté es que esos niños, sin nada de qué preocuparse, conectan a través de brechas etarias al aprender habilidades sociales y académicas para toda la vida que van más allá de un libro de texto o una pantalla. ¡Es asombroso ver que el lugar especial que yo atesoraba de niña es aún como una fuente que me sigue ofreciendo nuevas lecciones y perspectivas!

Dibujo para jóvenes aprendices

Dibujar es como hacer un gesto expresivo con la ventaja de la permanencia.

—Henri Matisse

Los dibujos de los niños son una prueba de su imaginación y creatividad increíbles.

Cuando era maestra de escuela, hacía dibujos a mano de lo que mis alumnos iban a aprender. De ese modo, les mostraba que podemos comunicarnos por medio de los dibujos, al igual que lo hacen los ilustradores de libros. Luego, les mostraba que esas imágenes se pueden describir en palabras y que podemos leerlas. Esto también les mostraba que yo no temía dibujar, sin importar cómo quedaba. Simplemente, hacía lo mejor posible. Lo importante era que los niños aprendieran que dibujar es una manera de expresarse, y que después de verme dibujar a mí, ¡nadie podía ya decir que no sabía dibujar! Esto fue un punto de inflexión crucial para incentivarlos en su aprendizaje y creatividad.

El dibujo fomenta el reconocimiento de los detalles visuales, la comprensión conceptual de lo que se aprende y mejora la coordinación ojo-mano. Los niños que hacen dibujos detallados llegan a ser los mejores al escribir las letras del alfabeto. ¡Mis alumnos de cuatro años me causaban asombro! Sus dibujos mostraban muchos detalles de los conceptos que estudiábamos. Cuando abordábamos el tema de las familias de insectos, sus representaciones de las mariposas, las mariquitas, las moscas y otros insectos mostraban cabezas, tórax, abdómenes ¡y la cantidad correcta de patas!

El dibujo fomenta el reconocimiento de los detalles visuales, la comprensión conceptual de lo que se aprende y mejora la coordinación ojo-mano.

En casa, pida a su hijo que dibuje lo que hizo ese día. O pídale que haga dibujos de familiares o amigos. Usted puede también hacer del dibujo un proyecto familiar: haga un dibujo parcial y pida a su hijo que agregue otra parte para completarlo. Comparta esos dibujos colgándolos en el refrigerador.

Asegúrese de motivar a su hijo a dibujar lo más posible cada día. Lleve un álbum de sus dibujos como regalo para los abuelos.

A medida que su hijo comienza a aprender a escribir las letras, puede pedirle que escriba rótulos y leyendas para los dibujos. No se preocupe por la ortografía ni por la legibilidad: lo importante es que su hijo haga asociaciones entre imágenes, palabras e ideas.

Todas estas actividades mostrarán a su hijo que usted aprecia su comunicación escrita, un paso valioso en el camino hacia el aprendizaje de la escritura.

Combustible para el asombro

por Alex, artista

Durante mi niñez, el cine me causaba fascinación. Ya sea que se tratara de un parque de diversiones con dinosaurios prehistóricos o guerras en una galaxia lejana, estas historias imaginarias me cautivaban y, sin darme cuenta, le daban combustible a mi capacidad de asombro. Recuerdo que jugaba con mis muñecos coleccionables y representaba escenas de mis películas favoritas, y hacía dibujos aproximados de los personajes de esas películas.

A Jaime, mi padre, también le encantaban las películas. Solíamos hacer maratones de películas los fines de semana y, a medida que yo crecía, la experiencia pasó de ver películas en casa a ir al teatro. Si la película era buena o mala, a mi padre no le importaba. Simplemente sonreía cuando quedábamos enganchados con alguna aventura nueva y desconocida.

Cuando tenía siete años, le dije a mi papá que quería hacer películas cuando fuera grande. Me dijo que podría hacer cualquier cosa por la que me decidiera si me esforzaba e iba a la escuela. Puse manos a la obra y comencé a dibujar y a escribir con mucha energía. Mi padre me consentía escuchando cualquier cuento que yo escribía o mirando cualquier representación que hacía con mis muñecos coleccionables. Era gratificante tener público, aunque solo fuera mi papá.

Vayamos 18 años hacia adelante. Mi vida ha cambiado enormemente desde mis años de infancia. Terminé mis estudios en la Universidad Estatal de California, Los Ángeles, con un título en animación con especialización en comunicaciones. Además, mi tesis en forma de película animada fue aceptada en tres festivales de cine, y en la actualidad estoy dirigiendo mi primer largometraje de acción en vivo que también escribí. Aunque mi padre ya no está entre nosotros, jamás olvidaré que el apoyo que le dio a mi pasión, desde mi infancia, hizo de mí la persona que soy en la actualidad. Por eso, estoy eternamente agradecido.

Juegos al aire libre para jóvenes aprendices

Los niños deberían jugar
al aire libre y ensuciarse.

—National Trust

Cuando usted era niño, ¿solía salir al aire libre y jugar? ¿Le encantaba ese momento especial de libertad para mirar las hojas, jugar con mascotas, pasar tiempo con amigos o, sencillamente, recostarse y mirar el cielo?

Muchos niños de hoy no tienen esa oportunidad. A lo largo de los años, hemos perdido algo de esa libertad que teníamos cuando nuestros padres abrían la puerta y nos decían que saliéramos a jugar. Era la oportunidad de usar nuestra imaginación, saltar la cuerda, jugar a las matatenas, a la pelota, jugar al aire libre con juguetes o hacer cualquier cosa que quisiéramos. Era nuestro momento para jugar hasta que nos llamaban para almorzar o para cenar. ¡Muchos de nosotros no podríamos ni siquiera imaginar hacer eso en la actualidad! Es natural que queramos mantener seguros a nuestros hijos. Por lo tanto, ¿qué podemos hacer para que los niños puedan jugar al aire libre y mantenerlos seguros mientras les damos la sensación de jugar en libertad?

Apártese un poco y ofrezca un tiempo supervisado pero sin interrupciones para que los niños sigan siendo niños. Ellos deberían poder ejercitar sus músculos grandes saltando, arrojando una pelota, saltando, andando en bicicleta o empujando a alguien en un columpio y turnándose para columpiarse.

Sabemos que ese tipo de actividades benefician a los niños de muchas maneras, ya que los ayuda a:

- desarrollar la coordinación ojo-mano
- aumentar la flexibilidad de los movimientos
- ejercitar la imaginación jugando a "hacer como que"
- aprender a acordar reglas con otros niños
- seguir las reglas que hayan acordado con otros niños

El juego activo va de la mano con la lectoescritura. Leer cuentos ayuda a estimular la imaginación de los niños al crear juegos e improvisar diálogos para sus personajes. Por ejemplo: una caja se vuelve un barco pirata o una mesa para jugar a tomar el té, un jardín con cerca se convierte en la torre de un castillo y un árbol se convierte en un bosque.

A continuación se presentan algunos libros favoritos para leer con su hijo para ayudarlo a inspirar sus juegos al aire libre:

- *Un día de nieve* de Ezra Jack Keats
- *La araña muy ocupada* de Eric Carle
- *Al aire libre* de Jessica Greenwell
- *¡No dejes que la paloma conduzca el autobús!* de Mo Willems
- *¡Corre, perro, corre!* de P. D. Eastman
- *Vamos a cazar un oso* de Michael Rosen
- *Donde viven los monstruos* de Maurice Sendak
- *Lucía la Luchadora* de Cynthia Leonor Garza

También puede ayudar la utilería. Pueden usarse contenedores pequeños de plástico para hacer castillos. Los cestos pequeños pueden contener agua para jugar con botes de juguete u objetos que se hunden o que flotan. Las hojas pueden decorar tortas y pasteles de barro. Y la tierra, la arena y la nieve pueden ofrecer oportunidades ilimitadas para la creatividad al aire libre.

Una pequeña inversión en equipamiento puede ser de gran ayuda. Con tiza se puede dibujar una rayuela, que será una motivación para hacer ejercicios que mejoran la fortaleza y el equilibrio. Una pelota y una pared o un juego de matatenas desarrollan habilidades de coordinación y concentración. Una cuerda de saltar puede generar muchas horas de desarrollo físico, introduciendo rimas para saltar la cuerda que ayudan a un mejor sentido de los sonidos de las palabras y las rimas:

Cucú, cantaba la rana
cucú, debajo del agua,
cucú, pasó un caballero,
cucú, con capa y sombrero,
cucú, pasó una señora,
cucú, con traje de cola.

Por supuesto, si no está seguro de que su hijo está jugando en una zona protegida bajo la supervisión de alguien de su confianza, deseará estar presente. Pero puede quedarse cerca y no intervenir para calmar discusiones, salvo como último recurso, para que su hijo pueda desarrollar sus propias habilidades de negociación.

Algo que puede hacer es tomar fotografías y, luego, pegarlas en un álbum de recortes con leyendas que puede escribir junto con su hijo. ¡Así él podrá adquirir el maravilloso hábito de llevar un diario para cuando sea grande! Y, en todo caso, tendrá el álbum de recortes para compartir juntos en los años venideros, y será también algo que su hijo podrá usar para mostrar a sus hijos el deleite de jugar al aire libre.

Lo más importante a recordar es que nada reemplaza el juego al aire libre, donde la imaginación de su hijo también correrá "alocadamente".

¡Qué frío hace aquí!

por Daniel, ingeniero de software

Cuando tenía 10 años, mi familia fue al Fenway Park para ver a los Red Sox contra los Orioles. Era mi primera vez en el Fenway Park. Siempre fui fanático del béisbol y coleccionaba tarjetas de béisbol, ¡pero quedé asombrado al ver a mis jugadores favoritos jugar ahí mismo, en el campo de juego! Ese día me convertí en un fanático de los Red Sox, y mi obsesión con todo lo que tuviera que ver con Boston y con los deportes fue en aumento.

En Maine, donde crecí, había más alces que personas. Vivíamos en una base militar y, todos los fines de semana y durante el verano, mi mamá me echaba de la casa todo el día, todos los días, para que jugara al aire libre con los vecinos. Jugábamos béisbol infantil y *hockey* en la calle, también jugábamos al fútbol americano y al fútbol, y nos deslizábamos por la ladera de la montaña. Recuerdo intentar jugar al fútbol o al fútbol americano cuando el suelo estaba cubierto de hielo. En esos días, las barridas causaban dolor. También jugaba al "deporte de estación" durante todo el año: béisbol en primavera, fútbol en otoño y básquetbol en invierno.

De niño me quejaba por tener que salir al aire libre todo el tiempo, pero ahora que soy adulto puedo ver la manera en que eso moldeó mi vida. Me encantan tanto los deportes que tengo la suscripción a la MLB (Liga Mayor de Béisbol), a la NBA (Liga Nacional de Básquetbol) y a ESPN, y veo aproximadamente 145 partidos al año. Como padre, muero de ganas por que alguno de mis hijos le tome el gusto al deporte. Trato de hacerlos participar llevándolos a partidos de béisbol y a distintos eventos deportivos, y los inscribo en el deporte de estación. También jugamos mucho en casa y tenemos el equipo para básquetbol, béisbol para niños, golf, tenis, bádminton, fútbol, ciclismo, *ultimate frisbee* y senderismo... ¡lo que sea! Si bien mis hijos hoy demuestran poco interés, espero que cuando sean más grandes compartan la misma pasión que yo por los deportes. ¡Arriba los Red Sox!

Inspirar la creatividad en los niños pequeños

> **Ver a un niño jugar es tan parecido a ver a un artista pintar, porque en el juego un niño dice cosas sin pronunciar una sola palabra. Podemos ver cómo el niño resuelve sus problemas. También podemos ver lo que está mal. Los niños pequeños, sobre todo, tienen una creatividad enorme, y cualquier cosa que esté en ellos sale a la superficie en el juego libre.**
>
> —Erik Erikson

A veces, cuando les mostraba a mis alumnos de cuatro años algunos materiales nuevos para trabajar (que los maestros llamamos *manipulativos*), los niños me preguntaban: "¿Para qué es esto?". Esta pregunta me hizo pensar sobre qué es lo que les damos a los niños para jugar: muy a menudo, hay juguetes y materiales manipulativos diseñados para "hacer" algo interesante pero que no le exigen al niño "hacer" demasiado.

Los manipulativos más elegidos siempre han sido materiales abiertos, que dejan margen para la creatividad. Son materiales que permiten que los niños piensen y construyan por sí mismos. Algunos ejemplos son bloques, figuras geométricas, arcilla para modelar, pintura y otros materiales que dejan espacio para crear o construir sin demasiada instrucción o guía.

Este es un ejemplo de una actividad que he hecho sobre la base del libro *Cuckoo/ Cucú* de Lois Ehlert (un cuento folklórico mexicano). Este libro contiene ejemplos de arte folklórico de colores vivos, muy similares a la hojalatería y a las guirnaldas recortables para los días de fiesta en México. Después de leer el cuento, entregué a mis alumnos una colección de figuras de papel recortadas en cartulina y les pedí que diseñaran su propio cucú. Hablamos sobre las figuras geométricas, los colores y cómo las aves tienen determinadas partes del cuerpo. ¡Los niños crearon aves asombrosas! Ninguna de las obras de arte producidas se parecían entre sí, y todas eran hermosas. Los niños estaban orgullosos de sus creaciones. Y las conversaciones que tuvimos durante el proceso tenían mucha riqueza de vocabulario.

Los alumnos se inspiraron luego para crear aves con piezas plásticas de construcción y bloques. También pintaron aves en el caballete de pintura y usaron plumas y pasta para crear más aves.

Estos materiales abiertos no "hicieron" nada, pero pudieron usarse de manera creativa para inspirar al niño a "hacer". Finalmente, los alumnos disfrutaron de una bella pieza de literatura infantil, descubrieron contenidos científicos que se tornaron más interesantes y relevantes por su relación con esa historia: cómo lucen las aves, qué hacen, qué comen, dónde viven y cómo se pueden representar. Además, aprendieron más nombres y características de figuras básicas y cómo trabajar con distintos recursos para crear piezas de arte.

¿Qué puede hacer usted como padre o madre? Busque juguetes y piense en proyectos que le permitan a su hijo ser creativo y construir, aunque sean emprendimientos algo engorrosos. (El forro de una cortina de ducha vieja extendido en el piso ayuda a protegerlo contra derrames, goma de pegar o pintura). Trate de pensar en las cosas que ya tiene en su casa y que puede usar para inspirar la creatividad.

Por ejemplo, mientras usted cocina, su hijo puede disponer macarrones en patrones interesantes. Las lentejas y los frijoles de varios colores pueden convertirse en diseños interesantes, y un poco de goma de pegar convierte esos diseños en algo que ellos pueden colgar de la pared. (Sin embargo, tenga presente no entregar objetos diminutos a los niños pequeños). La arcilla de modelar es el material manipulativo perfecto para mantener ocupado a su hijo mientras usted prepara las comidas, ya que su hijo puede "hacer" pizza, pan, pollo o un pastel. Es fácil hacer su propia masa para jugar, y hay muchas recetas disponibles en internet.

Recuerde que los mejores manipulativos no siempre se encuentran en el interior, sino al aire libre, provistos por la naturaleza. En verdad, pienso que mi creatividad fue originalmente incentivada e inspirada por mi habilidad para hacer asombrosas tortas de barro, decoradas con las hojas del árbol de nuestro jardín.

En un mundo donde la tecnología hace tanto por nosotros (por ejemplo, muchos trabajos que antiguamente hacían las personas), la capacidad de ser creativo puede ser el recurso más importante para el futuro de su hijo. La próxima vez que pase por el pasillo de los juguetes, pregúntese: "¿Qué es lo que inspirará a mi hijo a 'hacer'?".

De la luz al arte

por Alyssia, gerente organizativa

La luz puede usarse de muchas maneras. Mi mamá la usaba debajo de una pequeña pieza de acrílico como una pizarra transparente temporaria mientras hacía caligrafía. Siendo yo una niña, la recuerdo sentada a la mesa de nuestra cocina, escribiendo a mano 200 invitaciones o más, una por una. ¡Un arte agotador! También escribía mi nombre en mis libros y en otros objetos especiales. ¡En una familia con cinco hijos, es una buena idea que tus cosas tengan tu nombre! Mientras la observaba, quedaba fascinada por lo que podía lograrse con papel y lápiz, y me causaba algo de ansiedad que cometiera algún error. Si ocurría, siempre hacía de esa parte una obra de arte; de ese modo, agregaba a la creatividad de la pieza, y no se notaba en absoluto. Ella dejaba que yo usara las lapiceras también, y me mostraba cómo sostenerlas en el ángulo correcto para lograr la escritura correcta. Hoy en día todavía uso en mi firma la letra *A* que me enseñó.

Como adulta puedo ver que mi interés en el arte y el diseño provienen de esa experiencia. La caligrafía requiere práctica, precisión, paciencia y creatividad. Mi mamá tiene todo eso y, afortunadamente, pienso que se me pegó. Me ha llevado a crear arte de una manera diferente, a través de mis estudios y de mis trabajos en diseño gráfico y dirección de arte. Ahora soy capaz de crear distintos tipos de diseños, combinando tipografía con ilustraciones, fotos y efectos para crear ese aspecto "ideal". Admito que no es tan meticuloso como la caligrafía, pero me encanta.

Percibir la creatividad a tan temprana edad me abrió esa puerta y me permitió apropiarme de ella y crear una y otra vez. Espero algún día aprender cómo hacer caligrafía como mi mamá y mantener vivo ese arte en esta era digital. Estoy muy agradecida por los comienzos de mi creatividad y a lo que me ha conducido en mi vida. Espero poder transmitirla a mis hijos y a quienes me rodean.

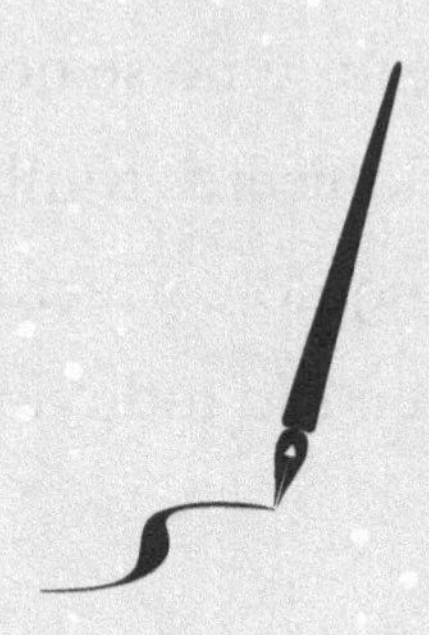

La tentación de la tecnología para jóvenes aprendices

Creo genuinamente que tenemos la oportunidad de revolucionar la manera en que educamos a nuestros hijos.

—LeVar Burton

Cuando los niños observan su entorno de hoy, no solo ven el mundo natural, sino también un mundo cada vez más tecnológico. Incluso las aulas están equipadas con tecnología con la que jamás hubiésemos soñado cuando éramos niños. Para los adultos, este nuevo mundo tecnológico hace posible las conexiones instantáneas entre las personas, la información y las ideas. Pero para los padres y las madres con niños pequeños a quienes les atraen estos dispositivos digitales, la tecnología puede plantear preguntas y preocupaciones para sus hijos.

A muchos expertos en el desarrollo del niño les preocupa que pasen demasiado tiempo consumiendo de manera pasiva medios de entretenimiento y que esto limite las oportunidades de un niño de jugar e interactuar con los demás. También les preocupa que demasiado tiempo frente a la pantalla les ocasione problemas de salud, como obesidad, al reducir el movimiento y ejercicio diarios de un niño, a la vez que ofrece poco de valor en compensación.

> Los niños aprenden mejor cuando los ayudamos a hacer conexiones entre el mundo que los rodea y lo que ellos ven y escuchan en la pantalla.

La buena noticia es que hay muchas aplicaciones tecnológicas activas y educativas que pueden ser beneficiosas para su hijo.

Todo se reduce al equilibrio. Los niños necesitan un equilibrio de actividades y, entre ellas, mucho juego y movimiento físicos. También necesitan aprendizaje y lectura que no incluya tiempo frente a la pantalla: rutinas saludables para comer, para dormir y para la higiene; además de tiempo frente a la pantalla adecuado para la edad y centrado en la educación, con supervisión y monitoreo adultos.

La tecnología educativa tiene mucho para ofrecer a su hijo. Los recursos digitales pueden ser muy útiles para el aprendizaje del lenguaje, los conceptos y las habilidades. Pero por cada aplicación o sitio web adecuados y efectivos, hay aún más programas o aplicaciones que no son de calidad.

¿Cómo puede decidir qué recurso de tecnología educativa usar? Estas son las preguntas que puede formularse a sí mismo (deseará tantas respuestas afirmativas como sean posibles):

- ¿El sitio enseña un objetivo en particular? ¿Ayuda a su hijo a desarrollar una habilidad de lenguaje, de lectura o de matemáticas?
- ¿Hay alguna oportunidad de que su hijo interactúe con el programa y comparta con otros lo que está haciendo?
- ¿Los gráficos son de alta calidad? ¿Las imágenes están claramente ilustradas con detalles de los que su hijo puede aprender?
- ¿La letra es lo suficientemente grande como para que su hijo pueda leer con facilidad?
- ¿Está expresado de modo tal que su hijo puede aprender vocabulario, conceptos y habilidades con la escucha?
- ¿Es interesante? ¿Su hijo lo usará más y aprenderá más porque es divertido?
- ¿Estimula el pensamiento, la creatividad y el juego?
- ¿Las actividades tienen consejos para los padres para que las familias aprendan juntas?

Una vez que usted ha decidido permitir que su hijo use la tecnología, debería monitorear de manera continua su uso; si su hijo está en preescolar, siéntese con él para establecer una conexión de aprendizaje duradera. Para obtener el máximo beneficio de la experiencia, haga preguntas a su hijo. La siguiente tabla ofrece sugerencias de preguntas:

Si su hijo escucha canciones infantiles en una aplicación para teléfono o tableta...	...pregúntele cuáles son las palabras que riman.
Si su hijo cuenta números...	...pídale que le muestre las cantidades de los números que se ven en la pantalla usando objetos reales como lápices, bloques o juguetes pequeños.
Si su hijo está aprendiendo los colores con una aplicación...	...pídale que combine un color particular con algo en el cuarto.
Si su hijo está leyendo un libro en línea...	...pregúntele de qué se trata, quiénes están en la historia y dónde se desarrolla. Responder estas preguntas le ayudará a desarrollar sus habilidades lingüísticas.

Los dispositivos con pantallas seguirán atrayendo a los niños, y la tecnología educativa de alta calidad puede ofrecer experiencias de aprendizaje interesantes y efectivas con esos dispositivos. Debemos recordar que la tecnología tiene límites. Nuestra tarea consiste en crear un entorno de aprendizaje comprensivo y basado en el mundo real, establecer una rutina diaria que promueva el aprendizaje e interactuar de manera regular con nuestros jóvenes aprendices de manera que los ayude a desarrollar su vocabulario y dominar otros conceptos y habilidades fundamentales del aprendizaje temprano.

Los niños aprenden mejor cuando los ayudamos a hacer conexiones entre el mundo que los rodea y lo que ellos ven y escuchan en la pantalla.

Sobremesa con juegos de mesa

por Michele, maestra

En los años 70, cuando era niña, los juegos de mesa eran fundamentales en nuestro hogar. Recuerdo cuando jugaba al Trouble con mi primo y trataba de determinar si debería caer en su casillero y enviarlo al punto de partida para que yo pudiera ganar, ¡o saltearlo para que no se enojara! Estaba practicando habilidades de toma de decisiones y volviéndome competitiva cuando decidí caer en su casillero para poder ganar.

Uno de mis recuerdos favoritos de los juegos de mesa es jugar al Monopoly los viernes a la noche. Recuerdo que tenía seis o siete años cuando me presentaron ese juego colorido de piezas múltiples. Mis padres eran mis rivales, ¡pero tenía que ser humilde porque aún eran los que mandaban!

En ese tiempo sabía leer bien, pero las matemáticas no eran precisamente mi fortaleza. Como mi papá era contador, estoy segura de que consideraba a este juego la mejor oportunidad que yo tenía de aprender matemáticas de manera entretenida, ¡y pacientemente esperaba a una futura genia de las finanzas! Me gustaba jugar al aire libre, pero los recuerdos más significativos de mi infancia son los momentos en que mis padres dejaban de ser adultos y simplemente jugaban conmigo. Sin celulares, ni dispositivos, ni televisión. ¡Solo ellos, nuestros juegos de mesa y yo!

Mientras seguía jugando al Monopoly, aprendí cómo contar dinero e incluso algo de geografía sobre la base de lugares reales. Por cierto, tenía que leer todo, lo que contribuyó a mi fluidez y a mis habilidades de vocabulario. Aprendí que el aprendizaje puede ser divertido y puede unir a las personas.

Mis padres me decían que se puede aprender algo nuevo cada día, ¡incluso durante el juego! Este concepto ha ayudado a moldear mi manera de interactuar con mi hijo, que ha jugado juegos de mesa desde los dos años. ¡Y sigo disfrutando de los juegos de mesa con mi familia!

¡Libros, libros, libros!

Hay muchas pequeñas maneras de expandir el mundo de nuestros hijos. El amor a los libros es la mejor de todas.

—Jacqueline Kennedy Onassis

Abra un libro con su hijo ¡y entre a otro mundo!

Cuando damos a los niños el don de los libros y el lenguaje, les ofrecemos experiencias imaginativas que son partes importantes para la construcción de una nación de innovadores y pensadores creativos.

Las primeras experiencias con literatura infantil de calidad ayudan a desarrollar el vocabulario oral, componente esencial para aprender a leer. Desarrollar el vocabulario oral es solo una de las maneras en que los libros ayudan a los niños pequeños. Por medio de la exposición a los libros, los niños aprenden también que aquello que las personas piensan puede expresarse por escrito, que esas cosas onduladas son letras, y que las letras representan los sonidos que conforman las palabras. En el proceso de enseñar estas y otras habilidades de lectura y conceptos, es muy importante la elección de libros de alta calidad e interés. Muchos padres se preguntan: "¿Cómo sé qué libros elegir?".

Los cuentos son vehículos estupendos para llevar a los niños a nuevos mundos.

Un recurso que puede ayudarlo a elegir libros infantiles es Reading Rockets, cuya versión en español es Colorín Colorado, una iniciativa nacional multimedia de lectoescritura que ofrece información y recursos sobre cómo los niños pequeños aprenden a leer. En el sitio web (**www.colorincolorado.org/es/consejos-de-lectura-para-padres**) se ofrecen consejos de lectura para bebés y niños de entre uno y dos años, niños de prekínder y de kínder y niños en los primeros años de la escuela (cinco a ocho años).

Los libros de alto interés para los niños en los primeros años de vida comparten las siguientes cualidades:

- Tienen buen ritmo.
- Son predecibles.
- Tienen cosas con las que los niños pueden relacionarse.
- Describen experiencias que reflejan las de los niños, con elementos como familias y mascotas y actividades cotidianas, como comer, jugar y aprender.

Muchos libros de Mamá Ganso y canciones infantiles son útiles porque sus ritmos y rimas familiarizan a los niños con palabras que suenan de manera similar y diferente. Cuando los niños escuchan y aprenden dichas canciones puede ser de gran ayuda acompañar con movimientos de las manos, como con la canción "Palmas, palmitas".

Los cuentos son vehículos estupendos para llevar a los niños a nuevos mundos. Del mismo modo, los libros de no ficción les muestran la rica variedad y las maravillas del mundo real que algún día ellos podrán explorar. Ofrezca a su hijo múltiples opciones al elegir temas de no ficción, ya sea sobre distintos vehículos y cómo se mueven, sobre los animales que viven debajo del mar, la vida de los insectos o cómo las personas viven en el desierto, en la tundra o en la selva. Si ve que su hijo muestra especial interés en un tema en particular, busque libros similares sobre el tema para ampliar su conocimiento.

Los libros que usted comparta con su hijo pueden también ofrecer oportunidades para enseñar estos importantes conceptos de los libros:

- Leemos de arriba hacia abajo y de izquierda a derecha.
- Los libros tienen autores e ilustradores.
- Lo que leemos puede volver a leerse porque las palabras están escritas.
- Las ilustraciones nos ayudan a entender lo que se dice en la historia.
- Debemos cuidar los libros.

La primera vez, o las primeras veces, que comparta un libro con su hijo, quizás deseará leer todo el libro por diversión, respondiendo preguntas que su hijo le formule.

En lecturas sucesivas, puede hacer una pausa para hacer preguntas como estas para ayudar a su hijo a aprender a pensar sobre lo que está escuchando:

- ¿Quiénes están en el cuento? ¿Son personas o animales?
- ¿Dónde transcurre la historia?
- ¿Qué sucedió en primer lugar, en segundo lugar y en tercer lugar?
- ¿Cuál fue tu parte favorita?
- ¿Puedes encontrar letras específicas? Por ejemplo, ¿puedes encontrar letras en esta página que también están en tu nombre?
- ¿Cómo se llama el autor?
- ¿Hay algún otro libro que leímos que fue escrito por este autor?
- ¿Quién es el ilustrador?
- ¿Qué palabra de esta página suena como *azul*? (¡Correcto! La palabra *abedul*).
- ¿Qué palabra de esta página rima con *cerdito*? (¡Correcto! La palabra *burrito*).
- ¿Puedes ayudarme ahora a leer el libro?

Cuando usted y su hijo leen juntos un libro y comentan sobre este de varias maneras, usted está creando lo que los expertos en lectura llaman *experiencias compartidas de lectura*. Dichas experiencias ofrecen el contexto para que su hijo desarrolle la comprensión del principio alfabético, es decir, la idea básica de que las palabras que hablamos y que escuchamos están representadas en la escritura con letras que simbolizan los sonidos de esas palabras. Entender el principio alfabético es un paso fundamental y necesario en el camino de su hijo para aprender a leer.

Comparta libros en los primeros años, comparta libros a menudo, y haga de cada experiencia de lectura un placer tanto para usted como para su hijo. De este modo, usted tendrá éxito en una de sus responsabilidades más importantes como primer maestro de su hijo.

Los libros de mi madre y yo

por John, lexicógrafo

Me fascinan los libros desde mucho antes de aprender a leer. Cuando apenas sabía caminar, me sentaba y hacía como que leía el *Reader's Digest* porque era de tamaño pequeño y porque podía sostenerlo de la manera en que veía a mi madre sostener sus libros cuando ella leía. A veces miraba sus libros, volteaba las páginas e inventaba lo que decían. Todavía tengo uno de sus libros favoritos, un libro de cuentos e historietas (para adultos) que se convirtió también en uno de mis preferidos: *The Thurber Carnival* [El carnaval de Thurber], que recomiendo a todo el mundo. Sé que lo leía, o mejor dicho sé que lo miraba, cuando tenía dos o tres años porque muchas páginas están garabateadas con crayones o lápices. ¡Supongo que lo leía cuando mi madre no me veía! Quizás yo pensaba que estaba escribiendo en el libro.

Me encantaba que mi madre nos leyera a mi hermana y a mí. Ella hacía los sonidos de los animales y hacía que los personajes de nuestros libros infantiles sonaran tan reales o tan terroríficos o tan divertidos como era posible. También me gustaba mirar los libros en sus estantes: sobre arte y viajes, historia y biografías. Cuando empecé a aprender a leer, me encantaba tratar de leer esos libros, incluso si no entendía todo lo que leía. Desde kínder hasta cuarto grado volvía a mirar esos libros una y otra vez.

Muchos, muchos años más tarde puedo aún recordar algunas de las imágenes e historias, pero sobre todo recuerdo lo bien que esos libros me hacían sentir. Podía estar en un lugar diferente o en un tiempo diferente, y nadie más sabría cómo era eso para mí. Quizás, lo mejor de todo era que mi madre no intentaba hacerme leer ni intentaba evitar que leyera sus libros. No sé si ella sabía que los leía, pero seguramente sí. (¡Todos sabemos que las madres prestan atención!). Y más adelante, como adulto, cuando leía esos libros con más detenimiento, era como volver a un lugar conocido que todavía tenía mucho para enseñarme.

Aquellas primeras experiencias de leer libros que estaban muy por encima de mi comprensión deben de haber encendido la chispa de mi curiosidad sobre ciertas cuestiones de una manera muy al estilo "ratón de biblioteca". Estoy seguro de que son parte importante de la razón por la que me convertí en profesor de literatura y redactor de diccionarios. Mi madre no había ido a la universidad, pero después de que yo terminé la universidad, ella comenzó a estudiar y se recibió a los 55 años. Su casa siempre estaba llena de libros, del mismo modo que mi casa no solo está llena de libros, sino que está desbordada de ellos. Aun así, me encanta comprar libros nuevos.

¡Lleve a su hijo pequeño a la biblioteca!

Un libro es un sueño
que sostenemos en las manos.
—Neil Gaiman

Una de las actividades más importantes que los padres pueden hacer es leer a sus hijos. Las bibliotecas captan la atención de los niños de muchas maneras y los ayudan a aprender a amar la lectura. Las bibliotecas suelen tener lugares acogedores para sentarse y leer. En una biblioteca que visité en San Diego, California, había una sección que se asemejaba a un barco, y en otra biblioteca en Austin, Texas, había una jungla. Muchas bibliotecas ofrecen programas para niños pequeños durante el año, especialmente durante el verano. Estas actividades pueden abarcar desde el aprendizaje de idiomas hasta búsquedas del tesoro. Hay también zonas para juegos, para armar rompecabezas y computadoras. Las bibliotecas suelen tener suscripciones a sitios web y recursos en línea que pueden usar las familias.

Qué hacer en la biblioteca	
Elija un libro entretenido y siéntese con su hijo para disfrutarlo.	Leer en distintos lugares enfatiza la satisfacción que puede traer la lectura.
Asista a un evento especial.	Por ejemplo, construcción con bloques LEGO®, la hora de los cuentos o locos por los juegos de tablero.
Invite a los abuelos a acompañarlos.	Cree un momento intergeneracional pidiendo a la abuela o al abuelo que lea un libro a su hijo.

Qué hacer en la biblioteca	
Comparta un libro de canciones infantiles.	Disfruten juntos los distintos patrones del lenguaje. Un ejemplo es *Mamá Goose: Un tesoro de rimas infantiles* de Alma Flor Ada e Isabel Campoy.

En esta etapa de la vida de su hijo pequeño es fundamental tener acceso a libros interesantes y experiencias de lenguaje oral. Pedir libros de la biblioteca en préstamo ayudará a enseñar a su hijo cómo cuidar los libros que pide prestados y cómo hacerles un seguimiento hasta el momento de su devolución.

Qué hacer en casa con los libros de la biblioteca	
Planifique un momento de tranquilidad todos los días para disfrutar los libros con su hijo.	Después del baño o antes de ir a dormir da buenos resultados.
Pase tiempo en familia mientras cada uno lee su propio libro.	Demostrar que usted disfruta de la lectura es tan importante como leer un libro a su hijo.
Siéntese con su hijo y compartan un libro breve.	Un libro favorito es *Mi mamá* de Anthony Browne.
Mientras leen, anime a su hijo a representar la historia.	Para esto, un libro entretenido es *¡Salta, Ranita, salta!* de Robert Kalan.
Lean libros de ficción.	Estos ayudan a su hijo a disfrutar y a aprender acerca de la simulación y la imitación. Ejemplos: *La señora Lávalo Todo* de Joy Cowley y *El abejoso* de Nadia Shireen.
Lean libros de no ficción.	Estos ayudan a su hijo a aprender más sobre el mundo que los rodea. Ejemplos: *¿Quién se esconde… en el mar?* de Melanie Mitchell y *¿Dónde comemos hoy?* de Sebastià Serra.

Disfrute de la experiencia de las bibliotecas con su familia y ayude a su hijo a formar recuerdos que durarán toda la vida.

Pasión por la lectura y el aprendizaje

por Alexia, abogada

En retrospectiva, recuerdo que siempre me encantó leer y aprender. Creo que lo primero que recuerdo es recibir las revistas *Highlights* que nos llegaban por correo. Me encantaba leer los cuentos y hacer las actividades. Una vez pude seguir las instrucciones y hacer una piñata casera con un globo, goma de pegar, papel de periódico y papel grueso. ¡Me sentí tan orgullosa!

Finalmente pasé a un grupo de enciclopedias para niños que mis padres tenían. Me encantaban los distintos colores de las cubiertas y usaba los libros como ayuda para mis proyectos escolares de la escuela primaria. También teníamos un pequeño estante lleno de libros variados. Nunca había escasez de material de lectura.

Pero mis recuerdos favoritos provienen de los veranos en la escuela primaria. Podía pasar tiempo en el campus de la Universidad de Texas, Austin, con mis padres; sobre todo con mi madre, que estaba preparándose para su doctorado. Ella solía llevarnos por todo el campus, al estanque de las tortugas, a lecciones de natación, de tenis, a los edificios de aulas y a la gran biblioteca para estudiantes. Me sentía tan adulta cuando iba a la biblioteca con ella y mis hermanos, como si yo misma fuera estudiante. Me entusiasmaba elegir libros y sentarme en la biblioteca a leerlos. ¡Había tantos!

Mientras jugábamos videojuegos o leíamos libros en el departamento de un solo dormitorio durante los veranos en la Universidad de Texas, mi madre escuchaba sus clases grabadas y reescribía sus apuntes. La vi durante todos esos años ir a clases, criar a sus hijos y trabajar duro. Sabía que yo quería ser capaz de hacer lo mismo.

Hoy, mientras escribo esto, estoy sentada en una biblioteca pública escribiendo un ensayo de 8,000 palabras para una clase que es parte de mi maestría en el programa de Derecho Internacional y Derecho Comparado. He obtenido títulos de nivel superior y títulos en derecho, pero no he terminado aún. Todavía me encanta leer y aprender, y eso viene desde el principio.

Cuando era pequeña vi puertas que podían abrirse y la alegría que uno experimenta por medio del aprendizaje. Si bien mis tres hijos no están conmigo ahora mientras estudio en la biblioteca, los he traído aquí para que trabajen con las computadoras o lean libros mientras leo y estudio para mis clases. Me vienen tiernos recuerdos, y espero que esto infunda en ellos la pasión por el aprendizaje y la lectura, del mismo modo que mis experiencias lo hicieron conmigo.

Los elementos fundamentales de la lectoescritura

Los libros suelen ser ventanas que ofrecen vistas a mundos reales o imaginarios, conocidos o extraños.

—Dr. Rudine Sims Bishop

Desarrollar la pasión por la lectura es muy importante, y los padres pueden desempeñar una función crucial en ayudar a los niños a ser lectores exitosos, sobre todo durante el desarrollo del vocabulario oral. Aún antes de que comiencen la escuela, los niños y los bebés absorben palabras, rimas, canciones e imágenes.

¡La vida es tan interesante para los niños pequeños! Todo lo que los rodea es una nueva maravilla a explorar, una experiencia de aprendizaje llena de lenguaje. Puede aprovechar la curiosidad e imaginación naturales de su hijo para crear estupendas oportunidades para el aprendizaje del lenguaje durante el juego. Cuando los niños participan del mundo que los rodea, la lectoescritura puede vincularse con sus experiencias. Esto es especialmente efectivo cuando los padres se enfocan en los elementos fundamentales de la lectoescritura, comenzando ni bien nace un niño y continuando durante toda su carrera escolar.

¿Cuáles son los elementos fundamentales de la lectoescritura?

- Desarrollo general del vocabulario oral
- Desarrollo del vocabulario oral específico relacionado con las materias escolares
- Motivación para la lectura
- Reconocimiento de los sonidos individuales, o fonemas, de las palabras (conciencia fonémica)

- Conciencia de otros aspectos de los sonidos de la lengua, como las sílabas, las rimas y los patrones de sonido de las oraciones
- Conocimiento de los nombres de las letras del alfabeto
- Comprensión de historias que se leen en voz alta
- Conceptos de la letra impresa, como el orden de izquierda a derecha de las palabras, la relación entre el texto y las imágenes y la idea de que las letras y las combinaciones de letras representan sonidos
- Primeros intentos de lectura
- Primeros intentos de escritura

Estas son algunas de las maneras en que usted puede desarrollar en casa estos elementos fundamentales de la lectoescritura:

Elemento	Consejos para los padres
Desarrollo del vocabulario oral	Esto es sencillo: hable mucho con su hijo. Por ejemplo, cuando está jugando con bloques, burbujas o juguetes, use palabras que describan su forma, color, sonido, textura y otras cosas con las que se los pueda comparar. Use oraciones completas y haga preguntas. ¡Todo es una oportunidad para desarrollar el vocabulario!
Desarrollo del vocabulario específico de las materias escolares	Las materias escolares, como lectura, matemáticas, ciencias, estudios sociales, artes y música, tienen sus propios grupos de palabras. A medida que los niños juegan y exploran, busque oportunidades para hablar sobre lo que están haciendo y utilice palabras como *letra, palabra, sílaba, oración, rima, personaje, entorno, número, más que, menos que, sumar, sustraer, comunidad, ciudad, condado, mundo, semilla, flor, tallo, raíz, insecto, mamífero, reptil, color, sombra, melodía,* etc.
Motivación para la lectura	La mejor manera de aumentar la motivación de su hijo es, sencillamente, leer para ellos y con ellos. Y estas experiencias de lectura deberían ser de disfrute para ambos. Ya sea que su hijo observe imágenes de un libro de cartón, que un adulto le lea a su hijo o que su hijo le lea a un adulto, las palabras, las ilustraciones, los personajes y las tramas deberían ser motivo de alegría. Asegúrese de llevar a su hijo a la biblioteca y ayudarlo a elegir libros.

Elemento	Consejos para los padres
Reconocimiento de los sonidos individuales, o fonemas, en las palabras	Piense en las palabras *comer, correr* y *coser.* El sonido del medio ha cambiado, mientras que los del inicio y el final, no. Los niños deberían aprender a reconocer tales diferencias, no solo en el medio de la palabra, sino también al principio de la palabra (*bata, pata, rata*) o al final (*pan, paz, par*). Una manera de desarrollar esta habilidad es jugar un juego de "formar una palabra" mientras esperan un turno con el médico, hacen la comida o doblan la ropa lavada. ("¿Puedes cambiar un sonido en la palabra *bata* para formar una nueva palabra?"). Recuerde que esto se trata de sonidos y no de palabras, por lo que no es necesario escribir las palabras.
Conciencia de otros aspectos del sonido de la lengua, como las sílabas, las rimas y los patrones de sonido de las oraciones	No hay nada más efectivo que escuchar canciones infantiles con su hijo y cantarlas juntos para desarrollar la conciencia de los sonidos del lenguaje, como las rimas, las sílabas y el ritmo. Una vez que su hijo se haya familiarizado con una canción o con un poema, pruebe cantar o recitar parte de este sin la última palabra. Por ejemplo, Susanita tiene un ______ (*ratón*).
Conocimiento de los nombres de las letras del alfabeto	Coloque letras del alfabeto con imán en su refrigerador o en una placa para horno para que su hijo juegue y manipule. A medida que su hijo crece, puede aprender a unir las letras que forman su nombre. Mientras usted conduce el carro, señale las letras y la manera en que se forman las palabras en las señales de tránsito o en los nombres de las tiendas. (Esto se conoce como *palabras del entorno*).
Comprensión de historias que se leenen voz alta	Cuando lea en voz alta, su hijo debería ser capaz de seguirlo y comprender la historia. Usted puede ayudarlo con preguntas sobre lo que está ocurriendo. La primera vez, lea todo el libro de principio a fin. Al terminar, puede preguntar, por ejemplo: "¿De qué trata la historia? ¿Quién está en la historia? ¿Es una persona o un animal? ¿Qué sucedió al final? ¿Cómo cambiarías la historia? ¿Qué sucedió primero, después y al final de la historia? ¿Dónde transcurre la historia? ¿Cuál fue tu parte favorita?". En lecturas sucesivas, puede hacer preguntas y hablar sobre lo que ocurre en la historia a medida que lee.

Elemento	Consejos para los padres
Comprensión de la dinámica de los libros, como leer de izquierda a derecha, el orden de las palabras, la relación del texto con las imágenes y la idea de que las letras representan sonidos	Es importante ayudar a su hijo a entender las partes de un libro: cubiertas, lomo, portada, letras, palabras, oraciones e ilustraciones. Entonces, a medida que lee a su hijo y con él, señale estas cuestiones de vez en cuando. El sitio web Colorín Colorado tiene un artículo sobre las maneras divertidas y eficaces de leer con los niños al que es fácil acceder con el buscador.
Primeros intentos de lectura	Después de leer a su hijo y con su hijo durante un rato, él comenzará a intentar "leer" libros por su cuenta, imitando lo que usted ha leído varias veces. Estos primeros pasos son importantes para la lectura y deberían ser alentados. A medida que lee más libros, su hijo comenzará a hallar palabras que volverán a aparecer a menudo en muchos libros. A estas se las conoce como *palabras de alta frecuencia.* Usted puede estimular la lectura de palabras de alta frecuencia etiquetando una silla, una cama, una puerta, un fregadero, una bañera, una estufa, una mesa o cualquier cosa que su hijo disfrute jugando a hallar y leer. Cámbielas de vez en cuando, y su hijo aprenderá a leer muchas más palabras.
Primeros intentos de escritura	Al igual que con la lectura, es fácil estimular el desarrollo de la escritura de su hijo en su casa. Coloque elementos de escritura en una caja de zapatos con sobres viejos, fichas, papel para imprimir sobrante o pequeños cuadernos. Esto animará a su hijo a comenzar las primeras etapas de la escritura, que incluyen garabatear, dibujar y comenzar con la formación de las letras, y luego avanzar hacia rótulos, palabras y escritura más avanzada. Incentive a su hijo a disfrutar del proceso de escritura. Como mencioné en un capítulo anterior, puede incluso utilizar un pincel embebido en un pequeño contenedor con agua para "escribir" sobre la acera en un día caluroso. A medida que la escritura se evapora, ¡se puede empezar a escribir de nuevo!

La lista de ideas para ayudar a su hijo a desarrollar estos elementos fundamentales puede ser tan amplia como su imaginación. Pero aquí hay una más: dé el ejemplo mostrando a su hijo que usted disfruta de leer sus propios libros y revistas. Y cualquier cosa que haga para desarrollar la lectoescritura con su hijo, hágalo de modo divertido; de esta manera se fomenta la pasión por la lectura para toda la vida.

El poder de los cuentos

por Revital, especialista superior en Currículo

Mis abuelos me enseñaron a apreciar la capacidad intelectual de los niños. Recuerdo claramente estar sentada en el piso de la sala de estar de mi abuela cuando tenía unos ocho años, escuchándola leer *La fierecilla domada* de Shakespeare y *El corazón delator* de Poe. Mis abuelos tenían una colección de versiones infantiles de cuentos clásicos, que deben de haber adquirido con la intención de leerlas a mi hermano y a mí. En retrospectiva, me doy cuenta de que no tenía idea de lo que sucedía en las historias, pero eso no importaba. Me encantaba escucharlas. Los libros tenían cubierta de cuero y eran gruesos. Eran sobre romance y muerte y oscuridad, cosas que yo no solía escuchar a menudo. Cada vez que íbamos de visita, rogaba escuchar las historias de esos libros.

Mis abuelos no tenían títulos universitarios ni empleos fascinantes, pero eran europeos y les encantaba el arte. Mi abuelo era un inmigrante húngaro que trabajó toda su vida como capataz en una planta siderúrgica en Detroit, pero hablaba ocho idiomas y tocaba el oboe. Mi abuela era hija de inmigrantes húngaros, crio a tres hijos y trabajó en un supermercado cooperativo donde compraban sus alimentos;

además, cosía disfraces para la compañía de baile folklórico local. Cuando fallecieron, mis abuelos nos dejaron decenas de instrumentos, bordados, libros de cocina, disfraces y muchos libros.

Valoro tanto que hayan preferido leernos "literatura real" en vez de cualquier otra cosa que leían mis amigos en ese momento. Cuando me convertí en maestra, enfoqué mi programa de lectura en torno a lecturas en voz alta de varios capítulos largos y en literatura de calidad. No hay nada más mágico que el silencio que cunde en un aula de niños cuando sacamos un libro y lo abrimos en el capítulo marcado, o cuando ellos prefieren escuchar otro capítulo en vez de salir al recreo, o cuando elaboran una lista de firmas para llevar el libro a casa después de terminar de leer el último capítulo. Mis abuelos me enseñaron el poder de la literatura, y he hecho lo mejor posible para transmitir esa lección. Les estoy eternamente agradecida.

Aprender a contar y contar con el aprendizaje

Si volviera a comenzar mis estudios, seguiría el consejo de Platón y comenzaría con las matemáticas.

—Galileo Galilei

Una de las primeras experiencias de aprendizaje para ofrecer a su hijo pequeño es la de contar, porque es una experiencia compleja y un elemento fundamental para comprender los conceptos de los números y las matemáticas.

Por lo general, la primera habilidad relacionada con el conteo que aprenden los niños es la de recitar en el orden correcto las palabras que designan los números; *uno, dos, tres, cuatro, cinco...* Esta habilidad de memoria es importante (del mismo modo que es útil saber "La canción del alfabeto" para aprender los nombres y el orden de las letras del alfabeto); y aunque los niños comienzan a recitar los números en orden, no suelen comprender lo que significan las palabras *uno, dos, tres*, etcétera. Según el National Council of Teachers of Mathematics [Consejo Nacional de Maestros de Matemáticas], el estándar de números y operaciones entre prekínder y segundo grado es "contar comprendiendo y reconocer 'cuántos' en grupos de objetos". Cuando los niños "cuentan comprendiendo", entienden que la palabra *uno* refiere a un objeto de cualquier tipo, que la palabra *dos* refiere a dos objetos, etcétera.

Las experiencias cotidianas pueden llevar a los niños a descubrir y entender la relación entre las cantidades y las palabras que se usan para hablar sobre números. Por ejemplo, cuando cuentan, los niños deben aprender que hay una correspondencia exacta entre objeto y número (como unir una persona con una galleta) y que contar *dos* después de *uno* significa que el primer objeto y el segundo deben sumarse juntos para hacer dos, etcétera.

Cuando le dé a su hijo cosas para contar, comience con objetos dispuestos en una línea para que él pueda ver cada objeto individualmente y contar los objetos en secuencia:

Contar de izquierda a derecha y tocar cada objeto al contarlo ayuda a su hijo a comprender la correspondencia exacta de un objeto con un número. Además, juntar los objetos a medida que su hijo cuenta lo ayudará a comprender que el número *cuatro*, por ejemplo, refiere a todos los objetos contados hasta cuatro y no simplemente a un objeto denominado *cuatro*:

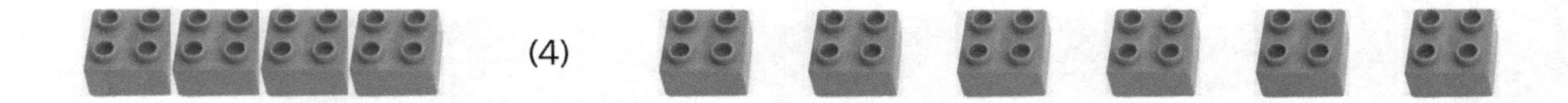

Usted también puede ofrecer ejercitación para reconocer grupos de objetos por la manera en que están agrupados, como los puntos en un cubo numérico de seis lados. Los niños pueden contar los puntos, reconocer el patrón y aprender que no tendrán que volver a contar porque el patrón se vincula con la cantidad que representa. El siguiente juego puede ser de ayuda:

1. Sostenga con su mano cinco o seis objetos pequeños (botones, uvas, monedas de un centavo).
2. Haga rodar una cantidad distinta de estos.
3. Pida a su hijo que observe los objetos que usted hizo rodar y que diga rápidamente la cantidad sin contar.
4. Repita la actividad.

Después de un rato, su hijo podrá identificar rápidamente el número y decirlo para cada cantidad de objetos.

Además, ofrezca ejercitación para reconocer grupos de objetos según la manera en que están agrupados en línea, de esta manera:

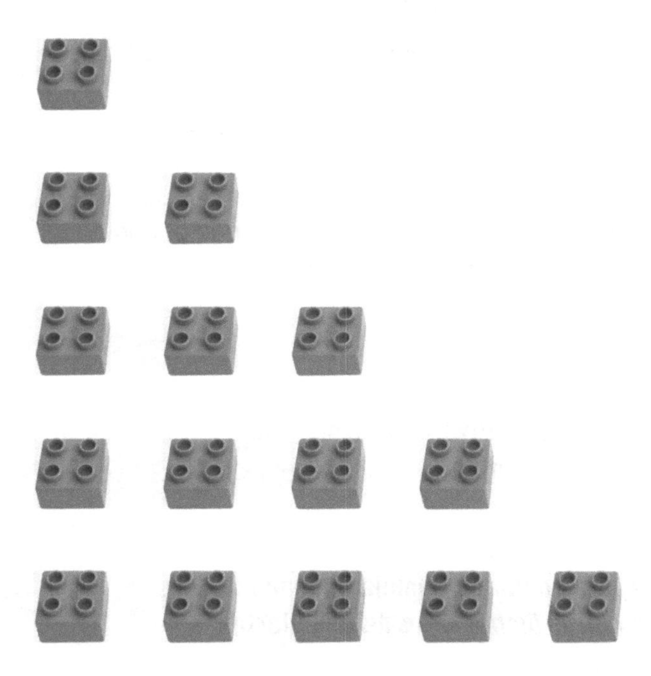

Lo más importante de enseñar a su hijo a contar y otros primeros conceptos matemáticos es que él debería considerar los números como parte de sus experiencias de la vida real. Busque oportunidades para contar con su hijo cada vez que sea posible. Por ejemplo, podría contar objetos cotidianos, tales como:

- paquetes de macarrones o de frijoles en la cocina
- hojas que cayeron de un árbol
- botones de una chaqueta o de un suéter
- autobuses escolares que vean mientras van en carro a la escuela
- tenedores, cucharas, cuchillos, platos y servilletas que coincidan con la cantidad total de personas que comen juntas

Para estimular la comprensión que su hijo tiene sobre los números y el conteo, siga haciendo preguntas, por ejemplo:

- ¿Cuántas caracolas hallaste? Cuéntalas una por una para averiguarlo.
- ¿Viste todos los pétalos de esta flor? Cuéntalos para averiguar cuántos pétalos hay en total.
- ¿Ves esos dos frijoles? Agreguemos dos frijoles más. Júntalos y cuéntalos para averiguar cuántos frijoles tienes en total.

Integrar el proceso de contar en la vida de su hijo lo ayudará a entender que el conteo es una habilidad esencial que es importante aprender, al igual que aprender a leer.

Estos son algunos libros infantiles que cautivarán a su hijo y lo ayudarán a desarrollar el concepto de contar:

- ***Perritos*** **de Sandra Boynton**
- ***Cuenta con Dr. Seuss 1 2 3*** **de Theodor Seuss Geisel**
- ***¡Grrr! Un cuento ruidoso para contar*** **de Pamela Duncan Edwards**
- ***Cómo contar monstruos y otros bichos raros*** **de D. S. Harton**
- ***Diez pequeñas mariquitas*** **de Melanie Gerth**
- ***Un zorro: Un libro de miedo para contar*** **de Kate Read**
- ***Buenas noches, luna 1 2 3*** **de Margaret Wise Brown y Clement Hurd**
- ***Aprendo a contar con Lupe*** **de Lara Jones**

El tiempo que dedique a su hijo con este tema lo ayudará cuando él se tope con números, sea en preescolar, prekínder o kínder, y ya entenderá que estos símbolos y estas palabras representan cantidades. Los docentes de matemáticas denominan a esto *comprensión*, y es el fundamento esencial para el aprendizaje futuro de su hijo de las matemáticas.

La habilidad básica principal de contar y el concepto de cantidad ayudarán a su hijo a desarrollar la conciencia de los números, que será de utilidad para toda la vida. Esto es fundamental porque su hijo podrá contar con que el contar siempre lo acompañará.

Contar recuerdos

por Phyllis, editora

Mi padre murió cuando yo tenía dos años, y nos fuimos a vivir con mis abuelos. Tres años más tarde, mi abuelo falleció. Por lo tanto, me criaron y enseñaron mi madre y mi abuela, dos mujeres amorosas, resilientes y trabajadoras.

Al principio, mi madre trabajaba como profesora de Inglés en el bachillerato, y luego fue editora de una revista que constaba de artículos de estudiantes sobre la historia de Illinois. Mi abuela, que tenía unos setenta años, asumió las responsabilidades durante el día de cuidar de mi hermano mayor y de mí.

En mi primer día de kínder, mamá me dio una bolsa con mis propios lápices, regla, gomas de borrar y 20 carretes de hilo vacíos para contar. Pero pronto me di cuenta de que todos los demás tenían carretes de hilo pintados. Me puse triste y me dio envidia. Cuando, finalmente, semanas más tarde, le conté a mamá, en secreto comenzó a pintar otro juego de carretes. Me los enseñó después de abrir los regalos en la mañana de Navidad. Estaba sorprendida, y aún recuerdo lo feliz y orgullosa que estaba cuando se los mostré a mis compañeros. Los nuevos carretes eran tan brillantes y lustrosos que todavía puedo verlos en mi mente.

Mientras tanto, después de que mi abuela se enterase de que yo era la única niña sin carretes pintados, vació cuatro de sus enormes tarros de hermosos botones en dos cajas de zapatos. Luego, me dijo que podía elegir 20 de estos, una vez que pude contar hasta un número tan alto. Recuerdo que tardé unos días en hallar mis botones favoritos, pero más tiempo me llevó contarlos. Mi abuela practicaba conmigo todo el tiempo. Contábamos de todo: rocas, grietas en la acera, árboles, flores, palos, orugas, nubes, hojas y aves; cualquier cosa que ella encontraba por ahí. Mientras dábamos paseos juntas, tomadas de la mano, ella me ayudaba a aprender, no solo a contar, sino también a ver lo bello que es nuestro mundo. Ahora sé lo extremadamente difícil que era para ella caminar porque tenía artritis reumatoide. No obstante, caminábamos todos los días, sobre todo por nuestro jardín, pero siempre caminábamos y contábamos juntas. En los días de lluvia, además de botones, contábamos su colección de tazas de té, sus pasadores y cucharas, sus joyas brillantes, sus tubos de lápices labiales, las monedas de un centavo, madejas de hilo suave y colorido, botellas en el refrigerador y, lo mejor de todo, sus galletas caseras de mantequilla con forma de estrella.

En un par de semanas llegué a mi objetivo de 20; pronto, llegué a 30, ¡y finalmente a 100! Sesenta años más tarde, sigo recordando el día en que llevé mi propio tarro de 100 botones especiales a la escuela. Yo estaba muy orgullosa. ¡Lo que supe después es que mis compañeros estaban tratando de contar hasta tanto para conseguir sus propios botones!

Hoy soy editora y escritora, y me encanta ver cómo las palabras "encajan". Las matemáticas no suelen resultarme algo fácil, pero aprendí desde temprano a seguir intentando, no importa cuánto lleve. ¡Estos son los regalos de dos mujeres increíbles e inspiradoras!

Los niños le dan sentido a los números: el sentido numérico

Las cosas de este mundo no se pueden conocer sin el conocimiento de las matemáticas.

—Roger Bacon

El sentido numérico es uno de los conceptos más difíciles de enseñar a los niños pequeños. ¿Por qué? Porque es algo abstracto.

Para que los niños comprendan el sentido numérico, deben entender que un símbolo abstracto (el numeral *3* u *8*, por ejemplo) significa un monto o una cantidad que puede aplicarse a cualquier cosa. Deben aprender que el numeral *7* puede representar la cantidad de niñas en el aula, tazas en una caja, bloques en una mesa, piezas de un rompecabezas, o rasguños en sus piernas. Y deben aprender que un *6* vale menos que un *9*, aunque no haya manera de entender eso simplemente mirando los numerales. Pero una vez que los niños desarrollan el sentido numérico, ¡guau! ¡Sus habilidades para las matemáticas tomarán vuelo!

A los jóvenes aprendices les encanta saber que los números pueden representar cualquier cosa, desde un guijarro en la palma de la mano a los miles de millones de granos de arena en una playa. Para los niños curiosos y para aquellos que verdaderamente saben lo que los números y sus símbolos representan, ¡los números son como la magia!

Para enseñar el sentido numérico, comience con los números de *1* a *10*, porque usamos un sistema de notación decimal, y porque esos son los números con los que los jóvenes aprendices están más familiarizados. Pruebe ofrecer a su hijo tantas experiencias de conteo en forma oral y visual como sea posible durante sus primeros cinco años de vida.

La siguiente tabla muestra actividades sencillas que pueden ayudar a su hijo a desarrollar el sentido numérico:

Actividad	Consejos para los padres
Cuente en voz alta con su hijo cada vez que sea posible para que oiga números con frecuencia y aprenda a asociarlos con objetos del mundo.	Por ejemplo, podría preguntar: "¿Cuántos dedos hay en tu pie? Uno, dos, tres, cuatro, cinco. ¡Cinco dedos!". O podría preguntar: "¿Cuántos pares de medias hay en tu cajón? Contémoslos".
Ayude a su hijo a aprender que las cantidades que usted está contando pueden escribirse con un símbolo denominado *numeral*.	Podría decir: "Ahora que sabes contar hasta 10, ¡déjame enseñarte cómo escribir los números que cuentas! *1 2 3 4 5 6 7 8 9 10*".
Hable sobre lo que significan los números para usted y cómo los usa.	Explique cómo usa los números para medir ingredientes en una receta o la altura de su hijo, para contar el dinero, para decir la hora, para pagar cuentas, para usar los números en un teléfono, en un televisor con control remoto, en un teclado de computadora y para identificar la dirección de su domicilio.
Ayude a su hijo a ver las matemáticas en su mundo cotidiano.	Podría decir algo así como: "Cuando contaste todas estas cartas que llegaron hoy por correo, contaste seis. Podemos escribirlo así: *6*. Y si recibiéramos una carta más, serían siete, que es el número que le sigue al 6. Uno, dos, tres, cuatro, cinco, seis... siete".
Compare números.	Cuente galletas saladas pequeñas o pretzels y ubíquelos en grupos de distintos tamaños para ayudar a su hijo a ver la diferencia. Por ejemplo, usted podría señalar que un grupo de dos galletas apiladas es más pequeño que un grupo de cinco galletas apiladas. O cuente bloques a medida que los apila. Luego, muestre que una pila de seis bloques es mucho más alta que una de tres bloques.

Actividad	Consejos para los padres
Coloque números magnéticos en el refrigerador o en una placa metálica para hornear.	Mueva los números a un lugar cerca de las cosas que su hijo cuenta mientras usted cocina.
A medida que su hijo aprende a contar hasta 20, cuéntele cómo cambia el patrón de los números después del número 10.	Explique que algunos de los números, como 11, 12, 13, y 15, no suenan como los números que su hijo conoce. (Esto hace que el grupo de 11 a 20 sea el que a los niños les cuesta más aprender).
Señale que una vez que su hijo cuenta más allá de 10, contará usando decenas y unidades.	Explique que 20 significa dos 10 y ningún 1; que 21 significa dos 10 y un 1; que 22 significa dos 10 y dos 1, etcétera.
Juegue con dominós.	Pida a su hijo que haga coincidir los patrones de números en los dominós. Pídale que cuente cuántos cincos hay en el juego de dominós. Cuente con su hijo para mostrar la manera en que dos 5 equivalen a 10.
Elabore una tabla de números en una cartulina grande.	Escriba de 1 a 10 en la parte superior. Después de algunas semanas de trabajar con su hijo, agregue de 11 a 20 en la siguiente fila, creando columnas; luego de 21 a 30; finalmente, después de semanas y meses, desarrolle la tabla hasta 100.
Use la tabla de números para introducir gradualmente la suma.	Por ejemplo, señale el número 2, y luego cuente dos más en la tabla para mostrar $2 + 2 = 4$.

También puede leer a su hijo libros sobre números y sentido numérico:

- ***100 en total*** **de Masayuki Sebe**
- ***Diez patitos de goma*** **de Eric Carle**
- ***El gran libro de los números: Contemos del 1 al 100*** **de Richard Scarry**
- ***Las 10 cestas de caperucita*** **de Miguel Perez y Sara Mateos**
- ***El gran libro de los números*** **de Felicity Brooks**
- ***Cuando sea mayor*** **de Maria Dek**
- ***10 dinosaurios*** **de Eleonora Tale**

A veces, los números intimidan a los niños. Pero al introducir conceptos matemáticos en los primeros años y mostrar que los números son parte de su mundo, usted ayudará a su hijo a desarrollar el sentido numérico desde temprano. ¡También lo ayudará a disfrutar más de las matemáticas porque su hijo está aprendiendo con usted!

Matemáticas con papá

por Marshall, profesor de bachillerato

Durante mi infancia, mi papá fue siempre un padre reservado y sencillo. Iba a trabajar, regresaba a casa, ayudaba a mi madre a hacer la cena, y luego se iba a dormir. Mi madre siempre era la que ayudaba a mis hermanos y a mí con las tareas escolares.

Pero una tarde, yo estaba trabajando en un problema matemático para obtener puntos extra para mi clase de matemáticas de sexto grado. Como estudiante, era muy bueno para las matemáticas, pero me apabullaba el nivel de dificultad de ese problema. Mi papá se dio cuenta de que estaba luchando con el problema y se ofreció a ayudarme. Para mi asombro, pudo resolverlo en menos de un minuto.

Después de preguntarle a mi papá los pasos para resolver el problema, me enteré de que, cuando niño, le encantaban las matemáticas. Hasta fue miembro del club de matemáticas de su escuela. Mi papá raras veces hablaba de su vida de niño, por lo que escucharlo contar sobre su infancia era fascinante. Hasta aquel momento, no tenía idea de que a mi papá le interesaran las matemáticas.

Luego de esa tarde decisiva, comencé a pedirle a mi papá que me ayudara con toda la tarea de matemáticas. Me sentía feliz de tener a papá como tutor en matemáticas, y me daba cuenta de que a él también lo hacía feliz ayudarme.

Más tarde supe que, si hubiera tenido la oportunidad, mi papá hubiera querido estudiar ingeniería o física en la universidad. Pero como nunca le fue posible, me decidí a esforzarme en el bachillerato para poder ingresar a la universidad y que él se sintiera orgulloso de mí. Me alegra decir que fui el primer varón de su familia que terminó la universidad. Gracias a la guía de mi papá, actualmente soy profesor de bachillerato y ayudo a mis estudiantes a aprender, del mismo modo que lo hizo mi papá.

Ciencia: preparar el terreno

Las bibliotecas y los museos son socios eficaces para el aprendizaje, pero a menudo se los pasa por alto.

—Campaña para la lectura por grados

Afortunadamente, los museos de ciencias tienen muestras asombrosas donde los niños pueden explorar temas de manera creativa e interesante. Pero aprender sobre las ciencias no tiene por qué estar limitado a un museo. Cree un área de descubrimientos en su propia casa para ayudar a su hijo a explorar temas de interés.

1. Descubra lo que más le interesa a su hijo. ¿Son los insectos o las burbujas? ¿Y qué hay de las sombras y la luz o el sonido y las vibraciones? ¿Serán las cosas que se mueven o las cosas que crecen? Una manera estupenda de descubrirlo es visitar una biblioteca o una tienda de libros usados y buscar la sección de libros de ciencias para pequeños lectores de la edad de su hijo. Coloque varios de estos libros en una mesa y observe cuál o cuáles elige su hijo.
2. Traiga algunos de esos libros a casa y léanlos juntos para preparar el terreno.
3. Busque objetos en su casa, en el mercado o en línea que ayudarán a su hijo a explorar y a estimular su interés en el tema. Si el tema es la luz y las sombras, por ejemplo, los equipos y los materiales podrían incluir linternas, espejos, cartón, tijeras de punta redonda y celofán de color.
4. Ubique los equipos y los materiales en un área especialmente denominada "área de exploración" durante algunas semanas, según el interés de su hijo. Con niños pequeños es siempre una buena idea permitir que la exploración suceda en una serie de sesiones relativamente breves durante cierto lapso.

5. Tome algunas fotografías a medida que su hijo experimenta con los materiales. Durante esta etapa, los niños están tan inmersos en su labor que posiblemente no deseen comunicarse ni responder preguntas en ese momento, pero cuando vean las fotos más tarde, ¡tendrán mucho para contar! Si su hijo realmente desea hablar mientras explora, haga preguntas como: "¿Por qué eso se ve así?" o "¿qué puedes hacer para que eso crezca?". También puede pensar en preguntas que lo hagan pensar. Estas ayudarán a desarrollar el pensamiento crítico y las habilidades de resolución de problemas.

6. Una vez que su hijo haya terminado la actividad, enseñe las fotos que tomó y pregúntele qué estaba ocurriendo y qué descubrió. Esta revisión es importante para desarrollar en su hijo las habilidades para reconocer secuencias de acontecimientos y las habilidades de lenguaje.

7. Si puede, imprima las fotos, péguelas en un pequeño diario o cuaderno, y pida a su hijo que le dicte una historia (para que usted la escriba) sobre lo que estaba ocurriendo en la foto o en las fotos. De esta manera, usted le estará mostrando que las ideas pueden escribirse, lo cual es un concepto importante de lectoescritura para los niños pequeños.

Resolución de problemas

por Michelle, gerente de diseño gráfico sénior

Vengo de una familia con muchos, muchos maestros. También fui la primera nieta de ambos lados de mi familia, y por lo tanto pasé mucho tiempo con adultos con quienes explorar y a quienes hacer preguntas, ¡y eran tantas! Cuando terminaba cansando a algún adulto, me enviaba a preguntarle a otro adulto. Por suerte, siempre había alguien que me apreciaba y que estaba dispuesto a explicar de otra manera cualquier cosa en que estaba obsesionada en ese momento.

Mi papá no es maestro de profesión, sino ingeniero, y le ENCANTA explicar cosas. Por eso, cuando papá estaba en casa, mamá me enviaba gustosamente a preguntarle a él. Lo seguía por toda la casa a medida que iba de un proyecto a otro, y yo era implacable: "¿Por qué estas pinzas tienen punta? ¿Por qué el panel de yeso parece como de tiza? ¿Por qué no debería tocar la aislación? ¿Por qué el ático huele distinto?". Papá siempre tenía una respuesta asombrosamente complicada que analizaba para mí, y yo la podía comprender.

Recuerdo un fin de semana, no mucho después de que aprendiera a montar en bicicleta de dos ruedas, en que me di cuenta de que uno de los neumáticos estaba desinflado. Mi papá y yo nos sentamos en el porche delantero con mi bicicleta, un juego de parches, una llave inglesa y un balde. Mientras desarmábamos el neumático, hablamos sobre las distintas partes. Después de que comentamos cómo cada parte aportaba al funcionamiento de un neumático, me preguntó dónde creía yo que estaba el problema. Enseguida conectamos los cabos sueltos entre la cámara del neumático de la bicicleta y una balsa inflable en la piscina, y sugerí que debería de haber algún orificio en alguna parte. Luego, él preguntó: "Bien, ¿cómo podremos averiguarlo?". Entonces llenamos el balde con agua, y él me mostró cómo revisar cada sección de la cámara. Me dejó trabajando en eso por un rato y, finalmente, hallé la pérdida. Luego me mostró cómo limpiar la superficie, colocar un parche, ensamblar el neumático, inflarlo y probar la presión para que pudiera volver a andar en mi bicicleta.

Mi papá me enseñó cómo identificar problemas de manera práctica y hallar soluciones. Hoy es una de las partes favoritas de ser madre. Cada vez que observo a mis hijos analizar minuciosamente un problema o una pregunta y hallar una solución, recuerdo ese neumático de bicicleta en un balde de agua, y a mi papá.

Exploraciones científicas

A los niños les encanta la ciencia práctica.
Están ávidos por aprender y ver
cómo funciona el mundo.

—Nancy Young

En el capítulo anterior escribí sobre la ciencia y sobre las maneras de preparar el terreno para las exploraciones científicas. Mi primera recomendación fue descubrir los intereses de su hijo y, con eso en mente, generar una experiencia o exploración. Pregunté si a su hijo le interesaban los insectos o las burbujas, las sombras o la luz, el sonido y las vibraciones, las cosas que se mueven o las que crecen.

A continuación, se presentan algunas sugerencias para preparar "áreas" de exploración con esos temas.

Insectos

Al igual que con cualquier otra cuestión, la seguridad es lo primero, de modo que cuando se trate de insectos y niños pequeños es importante que un adulto esté presente para mantener seguro al niño.

Actividades

Prepare un área pequeña en su casa para observar insectos. Necesitará un frasco con orificios en la tapa para que su hijo pueda observar los insectos por uno o dos días antes de soltarlos.

Las tiendas de "todo a un dólar" venden redes y recipientes para observar insectos, y algunas tiendas de mascotas venden grillos que se pueden comprar a un precio económico, para observar y luego soltar. También puede adquirir un terrario para hormigas, que suele venir junto con un cupón de descuento para poblarlo.

También he capturado hormigas de mi jardín para colocarlas en mi terrario. Las soltaba dos semanas más tarde, pero para entonces ya habían excavado patrones de túneles complejos y fascinantes en la perlita.

También puede usar una red para atrapar una mariposa en su jardín. A veces, podrá hallar insectos con tan solo recostarse en una cobija sobre el pasto.

Si no tiene jardín, vayan a un parque o den un paseo por la naturaleza para buscar algunos insectos.

Preguntas

- ¿Cuáles son algunos de los distintos tipos de insectos?
- ¿En qué se parecen los insectos? ¿En qué se diferencian?
- ¿De qué color son los insectos?
- ¿Qué necesitan los insectos para poder vivir?

Libros

- ***Los bichos al dedillo*** **de Hélène Convert**
- ***¡¿Insectos?!*** **de Lila Prap**
- ***Menudos bichos*** **de Estrella Ortiz**
- ***Mi primer gran libro de los bichos*** **de Catherine Hughes**
- ***Mis vecinos los insectos*** **de François Lasserre**

Sombras y luz

Es divertido jugar con sombras y luz, ya sea al aire libre en un día soleado o con una linterna en el interior. Prepare un área interior donde pueda guardar sus linternas y otros objetos, como peluches y juguetes de plástico pequeños. Lea con su hijo varios libros sobre sombras para ayudarlo a entender las propiedades de la luz.

Actividades

Sostenga un objeto, como un peluche, o ubíquelo sobre una superficie plana. Pida a su hijo que sostenga una linterna frente al objeto y que luego acerque o aleje la linterna. Comenten los cambios que se produjeron en la sombra.

Salgan al exterior durante la mañana y observen la sombra de un árbol. Luego, salgan al mediodía, a la tarde y al anochecer y comparen las ubicaciones de las sombras. Comenten cómo ocurrieron los cambios.

Pida a su hijo que "juegue" con su sombra, haciéndola mover a medida que su hijo cambia de posiciones.

Preguntas

- ¿Qué hay afuera que puede hacer sombras?
- ¿Puedes hacer una sombra en el exterior? ¿Cómo lo hiciste?
- ¿Cómo podemos hacer sombras adentro?
- ¿Puedes agrandar la sombra? ¿Cómo?
- ¿Puedes achicar la sombra? ¿Cómo?

Libros

- ***Sombras*** **de Suzy Lee**
- ***Excentric Cinema*** **de Béatrice Coron**
- ***Juego de sombras*** **de Herve Tullet**
- ***La luz: Sombras, espejos y arco iris*** **de Natalie Myra Rosinsky**
- ***Veo la luz*** **de Francis Spencer**
- ***¡Me gusta mi sombra!*** **de Hans Wilhelm**

Sonido y vibración

Si a usted no le molesta el ruido, ¡esta será una exploración para divertirse! Casi cualquier cosa puede tener sonido, y usted puede controlar el volumen eligiendo los materiales con los que su hijo juega.

Actividades

Coloque cacerolas y sartenes pequeñas con algunas cucharas de madera en el área de exploración de su hijo y anímelo a hacer el intento.

Coloque en un cesto diversos objetos que hagan ruido: un cascabel, dos cucharas, un recipiente herméticamente cerrado y parcialmente lleno con macarrones o frijoles, claves, una maraca o cualquier instrumento rítmico.

Use tres o más vasos pequeños de agua con niveles distintos de agua. Golpetee los vasos con un lápiz y escuche los sonidos. Compare los distintos niveles de agua con los diferentes tonos de sonido.

Corte un segmento largo de una cuerda y pida a su hijo que sostenga un extremo mientras usted sostiene el otro. Jalen fuerte, pulsen la cuerda y haga que su hijo sienta la vibración de la cuerda.

Preguntas

- ¿Cuáles son los distintos tipos de sonidos?
- ¿Qué puedes usar para hacer distintos sonidos?
- ¿Cómo logras sonidos fuertes y suaves?
- ¿Cómo logras sonidos altos y bajos?

Libros

- ***¿Qué es el sonido?*** **de Charlotte Guillain**
- ***Oso polar, oso polar, ¿qué es ese ruido?*** **de Bill Martin Jr. y Eric Carle**
- ***¡ÑAM!*** **de Peter Schossow**
- ***El sonido: Fuerte, suave, alto y bajo*** **de Natalie M. Rosinsky**
- ***Un día lleno de sonidos*** **de Eva Montanari**
- ***¡Ronquidos!*** **de Michael Rose**
- ***Los instrumentos*** **de Marion Billet**

Cuando las hormigas vienen marchando...

por Adelfino, gerente de operaciones

"Fino, ¡no toques las coloradas grandes!". Esa frase quedó en mi mente desde cuando buscábamos hormigas para construir nuestro propio terrario. Las coloradas grandes eran hormigas de fuego, y me podrían haber picado. Mientras crecíamos, tuvimos la suerte de vivir cerca de un parque donde había abundantes animales pequeños e insectos. Mi madre nos hacía ir a juntar insectos para que pudiéramos aprender sobre estos y, a la vez, divertirnos. Aprendimos sobre cómo las hormigas construyen túneles y cómo viven y trabajan en sus colonias.

Al recordar mi infancia, esos son los momentos con mis hermanas y mis padres que más atesoro. Ahora tengo hijos pequeños. Mi esposa y yo tratamos de mantenerlos activos y enseñarles y a la vez divertirnos. El verano pasado decidimos dar una caminata por un sendero, lo cual fue una experiencia nueva. Recordé los momentos en que juntaba insectos, así que compramos colgantes con frascos para insectos para cada uno de los niños. Durante la caminata atrapamos toda clase de insectos, en especial mariposas. También hablamos sobre el ciclo de vida de la mariposa para aprender y divertirnos.

Las experiencias que pude compartir con mi familia cuando era niño dejaron una impresión duradera que ahora puedo transmitir a mis hijos. ¡Espero que ellos hagan lo mismo!

Más exploraciones científicas

En cada caminata por la naturaleza
recibimos más de lo que buscamos.

—John Muir

Cuando se trata de exploraciones sobre la base de actividades científicas, hay siempre más para que su hijo descubra. Este capítulo ofrece algunas actividades para probar con ruedas, pelotas y movimiento, y con semillas y plantas.

Ruedas, pelotas y movimiento

El movimiento fascina a los niños pequeños. Les encanta arrojar, hacer rodar, atrapar y observar cómo se mueven las cosas. Usted puede crear un espacio en el interior o al aire libre para esta exploración.

Actividades

Reúna todos los juguetes que tengan ruedas que pueda hallar en la casa, como carros pequeños o aviones, y colóquelos en un cesto o tina de plástico. Coloque rampas para dar a su hijo la oportunidad de hacer rodar los carros pequeños por las rampas. Luego, cambie el ángulo de cada rampa para explorar. Una vez que su hijo haya pasado una o dos semanas experimentando con los vehículos, puede colocar en el cesto pelotas, como las de golf o de tenis de mesa, para que rueden. Pruebe incluir pequeños bloques cúbicos para comparar.

Usted y su hijo también pueden reunir distintos objetos que rueden: un tubo para el cabello, un palo de amasar, un lápiz, una botella o un frasco de plástico, una manzana o distintos tipos de pelotas, aros o cilindros. También puede crear un área de exploración al aire libre donde su hijo pueda rodar, arrojar, patear y mover objetos de distintas maneras.

Preguntas

- ¿En qué lugar de la casa o del exterior puedes hallar ruedas?
- ¿Cómo puedes lograr que algo se mueva más rápido por una rampa?
- ¿Cuánto más rápido puedes hacer andar algo?
- ¿Cómo puedes hacer para que ande más lento?
- ¿Qué cosas ruedan mejor?

Libros

- ***Todo sobre ruedas*** **de Richard Scarry**
- ***Llantas y Rayos*** **de Michael Dahl**
- ***¿Qué hacen las ruedas todo el día?*** **de April Jones Prince**
- ***Óscar y el grillo: un libro sobre el movimiento*** **de Geoff Waring**
- ***El movimiento: Tira y empuja, rápido y despacio*** **de Darlene Ruth Stille**
- ***De viaje con el tren*** **de La Coccinella**

Semillas y plantas

Las semillas y las plantas son una de mis exploraciones favoritas porque están por todas partes y son fáciles de conseguir. Los niños pequeños pueden aprender que las plantas vienen de las semillas; que las semillas vienen en varios tamaños, formas y colores; y que las plantas necesitan agua, tierra, aire y luz para poder vivir.

Actividades

Cree un área de exploración en su cocina donde usted y su hijo puedan observar las semillas secas, como las de los frijoles pintos, los blancos o las limas. Pida a su hijo que las clasifique por color o tamaño.

Cuando cocine, guarde las semillas del interior de las verduras o de las frutas para que su hijo las observe con una lupa de mano. Compare el tamaño de una semilla de fresa (que es una de las pocas semillas que crecen en el exterior de una fruta) con el tamaño de una semilla de sandía.

Ayude a su hijo a plantar las semillas en vasos pequeños, macetas u otros recipientes que tengan un pequeño orificio en la parte inferior.

Una de mis actividades escolares favoritas es colocar una toalla de papel humedecida en una bolsa de plástico y poner en él cuatro semillas de frijoles. Ubique la bolsita en un lugar soleado, ¡y las semillas germinarán en dos o tres días! Haga el experimento con otras semillas secas o con las que encuentren en las frutas y las verduras. Hablen sobre lo que sucede.

Si tiene lugar al aire libre, su hijo puede plantar semillas en un lugar pequeño o maceta para crear un jardín exterior. Explique por qué es importante regar las plantas y cómo requieren aire y luz.

Preguntas

- ¿Qué es una semilla?
- ¿En qué se parecen y en qué se diferencian las semillas entre sí?
- ¿Qué semillas deseas plantar? ¿Por qué?
- ¿Cuáles son las partes de la planta?
- ¿Qué necesitan las plantas para vivir?
- ¿Qué hacen las hojas/las raíces/los tallos?

Libros

- ***De semilla a planta*** **de Kristin Rattini**
- ***Así nace un árbol*** **de Claire Llewellyn**
- ***Árboles*** **de Lemniscates**
- ***Maisy cultiva el jardín*** **de Lucy Cousins**
- ***Las semillas se plantan, las semillas crecen*** **de Mark Weakland**
- ***La semillita*** **de Eric Carle**
- ***El pequeño jardinero*** **de Emily Hughes**

Ya sea en un museo, en el bosque, en un parque, en la playa, en su jardín o cocina o en los libros de la biblioteca, usted puede crear un verano lleno de exploración si ve todo lo que está en su entorno como una oportunidad de enseñar ciencias a su hijo.

Mi legado de lectura

por Eduardo, especialista en lengua española

Mi pasión por la lectura comenzó cuando era niño, y por eso agradezco a mis dos abuelos. Uno de ellos era maquinista de oficio. No estoy seguro de cuánta educación recibió, pero era bondadoso y caía bien a todo el mundo. También jugó béisbol profesional en la plenitud de su vida.

Supongo que mi otro abuelo era mecánico de motores diésel. Pero creo que su primer amor era la agricultura, algo que hizo desde que tengo memoria. Solo completó hasta sexto grado, pero leía tan bien como mis profesores de la universidad que me ayudaron con mi proyecto de tesis. Le encantaba la gimnasia y era un abuelo que se mantenía en forma.

Ambos se llamaban Francisco.

De niño visitaba con frecuencia a mi abuelo jugador de béisbol, y una de las razones era que él me compraba revistas de historietas para leer. Antes de que supiera que Tarzán era un personaje inventado por un escritor europeo, yo ya leía sobre él y sus hazañas en la selva en las historietas. Incluso aprendí a hacer el grito masculino y salvaje que Tarzán hacía, en el mismísimo porche en el frente de la casa de mis abuelos. Con las historietas también conocí a los personajes de Disney al igual que a los superhéroes. Mis favoritos eran Batman, Flecha Verde y Aquaman. Superman no me llamaba demasiado la atención.

Mi otro abuelo, el granjero, me leía en voz alta libros como *20,000 leguas de viaje submarino, Los tres mosqueteros, Colmillo Blanco* y *El conde de Montecristo*, entre otros. Creo que nunca terminé los libros con él. No tenía la paciencia necesaria para quedarme a terminar alguna de esas novelas en una sola sesión (ni tampoco, por supuesto, *Crimen y castigo*, que no he leído aún). Mi abuelo también me leía los poemas de Amado Nervo, Neruda, Bécquer y Darío. Aunque yo solo entendía la poesía patriótica y los versos simples, solía competir en concursos de declamación, y por lo general ganaba.

Mis dos abuelos fallecieron hace muchos años; sin embargo, en mi colección de obras literarias se pueden encontrar algunos clásicos, muchos de ellos en forma de historieta o de novela ilustrada.

¡Gracias, queridos abuelos!

La maravilla del clima para los niños

Estoy entre quienes creen que la ciencia tiene mucha belleza. Un científico en su laboratorio no es simplemente un técnico: es también un niño frente a fenómenos naturales que dejan una impresión en él como un cuento de hadas.

—Marie Curie

Los fenómenos naturales fascinan a los niños pequeños. Truenos, rayos, arcoíris, insectos que se arrastran, hojas que caen de un árbol, un ave que construye su nido, agua que fluye después de una fuerte tormenta; todos son interesantes de observar.

A lo largo del tiempo, han ocurrido varias tormentas tropicales y huracanes que han sido noticia. La mayoría de los niños han escuchado sobre estas tormentas (a veces tan temibles), por lo que es de especial importancia que ellos aprendan sobre el clima y todos los cambios que el clima puede causar en las personas y sus casas así como en las plantas y los animales. Estos acontecimientos climáticos tan difundidos son oportunidades para desarrollar conocimientos y habilidades científicas. Tenga la seguridad de que su hijo participará activamente: los grandes acontecimientos climáticos tienen un atractivo casi mágico como de cuentos de hadas y pueden ser a la vez temibles y maravillosos para los niños.

En primer lugar, las familias pueden ayudar a sus hijos hablando con tranquilidad sobre cómo prepararse para las emergencias climáticas. Hacer que sus hijos se sientan seguros es tan importante como explicarles cómo suceden estos acontecimientos climáticos.

Cuando ocurren acontecimientos climáticos terribles, es buen momento para ayudar a los niños a comprender más sobre el lugar donde viven en relación con el lugar donde ocurren los acontecimientos y comparar lo que sucede en su vecindario con lo que sucede en el océano Atlántico, el Pacífico, el Caribe o el golfo de México. Usted puede comentar qué zonas tienen más probabilidad de vivir distintos tipos de climas extremos y por qué.

Estudiar el clima puede incluir varios aspectos de la ciencia:

- luz solar
- aire y viento
- temperatura
- lluvia, nieve, aguanieve, granizo, niebla y llovizna
- agua
- nubes
- sombras
- cambios climáticos y estacionales

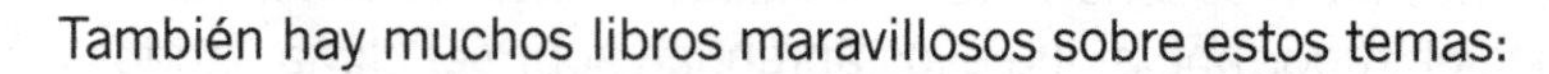

También hay muchos libros maravillosos sobre estos temas:

- *¡Huracanes!* de Gail Gibbons
- *¿Dónde está tu nube?* de David Fernández
- *Gotita* de Lourdes Benito
- *Elmer y el clima* de David McKee
- *¡Pop! Presión del aire y del agua* de Stephanie Paris
- *Las tormentas* de Miriam Goin
- *¡Oh! El agua* de Albert Casasín
- *Había una vez una gota de lluvia* de Judith Anderson

Después de leer sobre el clima, considere organizar un proyecto familiar para observar el clima que los rodea durante una semana o un mes y registrar sus observaciones en un diario. Los niños pueden hacer dibujos para el diario y escribir acerca de sus dibujos o pedir ayuda a un adulto para escribir sus pensamientos.

A la derecha se ve un dibujo que mi nieta hizo después de la evacuación por el huracán Harvey. Ella dictó sus pensamientos acerca del dibujo, y su madre los escribió por ella. Puede verse también dónde se dibujó a sí misma dentro de la casa. Este tipo de actividades da a los niños una manera de ser parte de la conversación y de expresar sus ideas y temores cuando los adultos que están cerca hablan sobre eventos climáticos.

Ya que el agua desempeña una función tan importante en los eventos climáticos, otra sugerencia es que usted y su hijo hagan actividades que se enfoquen en el agua y sus propiedades.

Estas son algunas actividades para probar con agua:

- Congelarla, derretirla, verterla y observarla evaporarse con el tiempo.
- Hacer flotar o hundir objetos en un cuenco o contenedor pequeño con agua.
- Proponer y comentar palabras relacionadas con el clima, como *salpicar, caer, gotear, lloviznar, llover* y *mojar.*

A medida que su hijo aprende sobre el clima con actividades como estas, también desarrollará un vocabulario académico (sustantivos, verbos, adjetivos y adverbios) que le permitirá entender y expresar ideas más complejas sobre variados temas.

¡La maravilla del clima es que cada día es una nueva oportunidad de aprendizaje!

Cuando la madre naturaleza hace lo que quiere

por Catherine, redactora

Una vez cuando tenía siete años, me desperté en la oscuridad de la noche mientras mi cuarto se estremecía vigorosamente. De inmediato corrí al cuarto de mis padres, que me abrazaron para calmarme y me aseguraron que todo estaría bien. Cuando el temblor cesó, sacaron una maleta de emergencia que guardaban debajo de su cama y encendieron la linterna amarilla más fabulosa, que resultó ser también una radio.

Como crecí al sur de California, desde siempre mis padres resaltaban la importancia de estar preparados. Su maleta de emergencia no era solo para los terremotos: era para las tormentas, las inundaciones, los incendios forestales y cualquier otra situación en que la madre naturaleza hiciera lo que quisiese. Tanto mi madre como mi padre creían que debíamos estar preparados, y también creían firmemente que el conocimiento era una fuerza eficaz contra el temor.

A esa edad tenía muchas preguntas sobre la Tierra. ¿Cuándo volvería a temblar tanto el suelo? ¿Podría

"pescarme" el rayo aun estando yo adentro? ¿Qué posibilidad había de que un tornado se llevara nuestra casa, como en *El mago de Oz*? Después de explicar lo que podría pasar (*nadie tiene la seguridad*; *no*; o *no es para nada posible*), también me compraron un libro sobre la Tierra. Tenía imágenes coloridas, diagramas y muchos datos sobre fenómenos geológicos y meteorológicos. ¡Me quedé ensimismada con ese libro! Aprendí sobre terremotos, erupciones volcánicas, huracanes, tornados, tsunamis y mucho más. Cuanto más leía sobre estos fenómenos, menos les temía.

Estoy profundamente agradecida por la manera en que mis padres abordaron la naturaleza impredecible de la Tierra. En vez de minimizar mis temores o decirme que simplemente confiara en los adultos, me empoderaron con conocimiento. La manera en que estimularon mi curiosidad y su ejemplo de estar siempre preparados me hicieron temerle menos a la madre naturaleza. He llevado estas lecciones hasta la adultez. De hecho, tengo mi propia radio/linterna amarilla para emergencias, ¡y es tan fabulosa como la de ellos!

STEAM/CTIAM para jóvenes aprendices

La manera más segura de tener éxito
es hacer siempre un intento más.

—Thomas Edison

Me animan las iniciativas de CTIAM de muchas escuelas, conocidas también como STEAM, por sus siglas en inglés. Se refieren a unidades de estudio que combinan ideas y habilidades de ciencias (*science*), tecnología (*technology*), ingeniería (*engineering*), artes (*arts*) y matemáticas (*mathematics*). La idea de interconectar el contenido permite a los niños pensar y jugar de maneras creativas, al mismo tiempo que afianza su confianza, su compromiso y su entusiasmo por el aprendizaje.

CTIAM es una filosofía. Es ciencia y tecnología interpretadas por medio del diseño real de algo utilizando ingeniería y artes, todo descrito y planificado apelando a elementos matemáticos.

Esta es otra manera de pensar sobre CTIAM:

- C(iencia): una manera de razonar
- T(ecnología) una manera de hacer
- I(ngeniería): una manera de construir
- A(rtes): una manera de crear
- M(atemáticas): una manera de medir

Lo que se espera de los alumnos es que adopten las maneras en que razonamos, hacemos, construimos, creamos y medimos, y que las usen juntas para llegar a ser pensadores críticos y creativos. Esto significa que, como padre o madre, usted puede ofrecer el primer fundamento de las experiencias de su hijo ofreciéndole oportunidades para pensar, hacer, construir, crear y medir.

La siguiente tabla muestra algunos ejemplos:

Tema CTIAM	Actividades
Ciencias	✦ Observen el clima. ✦ Observen las similitudes y las diferencias entre los seres vivientes y sus patrones de crecimiento. ✦ Exploren equilibrio, peso, gravedad, movimiento y empuje con pequeños carros de juguete y rampas o en estructuras de juego de exterior, como columpios, atracciones de movimiento y barras de equilibrio. ✦ Observen las relaciones causa-efecto en los cambios físicos y químicos, como ocurre durante la cocción y al hacer vasijas de arcilla.
Tecnología	✦ Usen aplicaciones para diseñar y crear. ✦ Usen dispositivos digitales para buscar información y para comunicarse. ✦ Tomen y manipulen fotos.
Ingeniería	✦ Creen objetos con bloques u otros materiales que den espacio a la creatividad, como carretes, pajillas, palillos para manualidades y arcilla para modelar. ✦ Jueguen con juguetes para construir. ✦ Hagan cosas con herramientas y materiales caseros aptos para niños, como cajas y tubos de cartón.
Artes	✦ Trabajen con recursos variados. ✦ Aprendan sobre los colores y los matices de los colores. ✦ Usen aplicaciones para arte.
Matemáticas	✦ Midan y registren los cambios conforme pasa el tiempo. ✦ Clasifiquen información. ✦ Creen y amplíen patrones. ✦ Hagan pictografías y gráficos de barras.

Comience con un libro

Prepare el terreno para estas actividades de aprendizaje leyendo un libro. Hay muchas opciones maravillosas. Después, hable con su hijo sobre qué proyecto podrían realizar relacionado con lo que leyeron; luego, reúna las herramientas y los materiales necesarios, creen un diseño y... ¡construyan! A continuación hay dos ejemplos:

La piedra

Este libro de Cassie Mayer utiliza texto simple y repetitivo para enseñar vocabulario básico e incluye impresionantes fotografías que ilustran las propiedades de las piedras. Los niños aprenderán dónde se pueden encontrar, cómo se ven y las diferentes formas en que se usan.

Materiales

- piedras
- arcilla para modelar
- papel
- crayones, lápices, marcadores
- regla o bloques apilables para determinar la altura

Actividad

Después de leer el libro, comente con su hijo y hágale preguntas como estas:

- ¿Crees que podríamos hacer una casa con piedras?
- ¿Por qué las piedras son buenas para eso?
- ¿Qué tipo de casa deberíamos hacer?
- ¿Deberíamos usar piedras grandes o pequeñas?
- ¿Cómo podremos mantener las piedras unidas?
- ¿Qué altura debería tener?
- ¿Cuántas piedras crees que harán falta?
- ¿Deberíamos conseguir piedras de distintos colores o del mismo color?
- ¿Dónde podemos hallarlas?

Cuckoo/Cucú

Anteriormente mencioné este libro. *Cuckoo/Cucú*, de Lois Ehlert, es un cuento folklórico mexicano sobre un ave que es considerada vanidosa y que no ayuda a otros animales con la tarea de recolectar semillas para el invierno. Cuando un incendio amenaza la cosecha, Cucú sorprende a todos ayudando a salvar las semillas que servirán de comida para el año siguiente. El libro contiene ilustraciones geométricas y colores vivos y brillantes que recuerdan las formas artísticas de México.

Materiales

- panel de mensajes
- papel grueso de colores varios
- goma de pegar
- tijeras

Actividad

Después de leer el libro, pida a su hijo que lo ayude a hacer un ave. Crear un ave en tres dimensiones incluye el componente de ingeniería, lo cual hace que sea una actividad CTIAM. Haga preguntas como estas:

- ¿Qué partes integran el cuerpo de un ave?
- ¿Qué formas puedes usar para hacer el ave?
- ¿Cuántas formas necesitas para hacer el ave?
- ¿Cómo puedes hacer los ojos, el pico, las alas, las garras y el cuerpo del ave usando figuras geométricas simples?
- ¿Puedes bosquejarlo?
- ¿Qué colores usarías para distinguir las partes del ave?
- ¿Podemos diseñar el ave para que pueda pararse?

Las actividades CTIAM son geniales para los fines de semana u otro día en que tengan algo de tiempo. Una vez que hayan hecho algo, déjelo así un tiempo para que su hijo pueda seguir construyendo y añadir o probar nuevos diseños. Tome fotos de su hijo trabajando en actividades CTIAM y escriba leyendas para esas fotos. No solo estará usando ciencias, tecnología, ingeniería, artes y matemáticas para crear cosas, sino que también estará formando recuerdos.

La música y la familia del mundo

por Willow, maestra de música

Mi padre era músico y mi madre, bailarina. Yo solía dormir en el estuche de la guitarra de mi padre mientras él tocaba en las salas de nuestro pequeño pueblo rural de Nimbin, Australia. Todavía hoy quiero meterme ahí cuando siento el interior aterciopelado de los estuches de guitarra. Nunca había una reunión social sin instrumentos. Me cantaban para dormirme mientras mi padre tocaba su mandolina, y desde los ocho años lo único que lograba que mi padre apagara el televisor era invitarlo a improvisar blues mientras yo tocaba la armónica.

Mi hermana y mi madre eran bailarinas, y por nuestra línea materna hay cuatro generaciones de bailarinas. Mi abuela estuvo en la compañía Royal Australian Ballet.

Algunos de nuestros temas favoritos para bailar eran la música de Prince y los viejos discos de soul; a menudo hacíamos competencias de baile en la sala de estar. Mi hermana me enseñaba los movimientos, y cuando yo era adolescente, en los años noventa, podía hacer el *running man* y el *Kid 'n Play*, que ahora no están tan en boga.

La capacidad musical de mi madre estaba tan bien pulida que ella gritaba: "te estás yendo del ritmo" cuando yo practicaba saxo siguiendo una grabación.

La música y la danza siempre tuvieron que ver con celebrar la vida en comunidad. Me sumé a una nueva comunidad de músicos de jazz y más tarde viajé por el mundo tocando música con gente de muchas culturas y géneros musicales de Asia hasta América Latina. Creo que la música y la danza están ciertamente en la raíz de nuestra humanidad y nos harán progresar si las atesoramos y celebramos. "Si puedes caminar, puedes bailar; si puedes hablar, puedes cantar", reza el proverbio africano.

Enseñar a los niños pequeños sobre el trabajo

No juzgues cada día por lo que cosechas, sino por las semillas que siembras.

—Robert Louis Stevenson

Uno de los primeros libros que leía a mis alumnos al principio de cada año escolar era *El saltamontes y las hormigas*, una fábula de Esopo. Creía que era fundamental infundir en los niños desde temprano que el trabajo es importante y que venir a la escuela es su tarea.

La historia ofrece las pautas para nuestro aprendizaje sobre el trabajo: todos los aprendices deberían trabajar como las hormigas y no quedarse sentados haciendo nada, como el saltamontes. Los niños son rápidos para hallar defectos en el saltamontes, y ven que no tenía voluntad de trabajar para recolectar comida para el invierno. ¡Eso es genial! Si lo entienden, ¡estarán listos para trabajar!

El trabajo es una parte importante de la vida. Es una razón por la que los niños deberían aprender sobre las profesiones y los oficios que pueden observar dentro o cerca de sus propias comunidades: bomberos, maestros, policías, carteros, médicos, enfermeros, granjeros, cocineros, comerciantes, constructores y muchos más. Es también importante que los niños aprendan sobre los empleos que las personas tienen y que ellos quizás no vean, como programadores de computación, diseñadores gráficos y biólogos de vida silvestre, entre otras tantas profesiones.

Estas son algunas sugerencias para ayudar a su hijo a comprender la importancia del trabajo y de las personas que hacen su trabajo:

Sugerencias	Consejos y ejemplos
Comente sobre su trabajo y el trabajo que hacen otros miembros de la familia.	Como maestra, me sorprendía descubrir que muchos niños pequeños decían que su mamá o su papá iban a trabajar, pero no sabían qué significaba eso o cuál era su trabajo.
Comente con su hijo los empleos que encuentran durante el día.	En la tienda de comestibles, comente sobre los panaderos, los cajeros, los productores de leche y los agrícolas. Mientras conduce, señale a los policías, bomberos y jardineros. Cuando vea un hospital, explique que los médicos y los enfermeros trabajan en turnos, todo el día y toda la noche. Los niños se asombran al saber que, mientras ellos duermen, hay personas que trabajan y cuidan a la comunidad.
Señale cómo las personas que trabajan tienen conocimiento especializado sobre lo que hacen.	Explique que muchas personas van a la universidad o se capacitan de otras maneras para su trabajo. Enfatice la importancia de la educación y cómo los preparará para hacer todo tipo de trabajos. Describa el arduo trabajo que los artistas, los atletas, los profesionales y otros deben hacer para prepararse para su trabajo.
Hagan juntos marionetas de trabajadores de la comunidad u otros profesionales.	En internet puede hallar fácilmente instrucciones para hacerlas. Luego, jueguen juntos con las marionetas e imaginen situaciones que ilustren lo que esos profesionales hacen.

Lea sobre distintas carreras en libros como los siguientes:

Todos al trabajo de Richard Scarry

El saltamontes y la hormiga (autores varios)

¿Qué puedo ser? de Tifffany Teachey

Los trabajos en la granja de Nancy Dickmann

Quiero ser... de Liesbet Slegers

Hay muchos sitios web que ofrecen actividades que los niños pueden hacer para aprender sobre los trabajadores de la comunidad y otras profesiones, entre estas, biografías de personas notables y su trabajo.

Enseñar a los niños sobre el valor del trabajo también los ayuda a hacer una transición más cómoda hacia los grados superiores de la escuela, donde la tarea y el trabajo en clase son importantes para seguir el ritmo de las lecciones. Los niños deberían también comprender que el trabajo que lleva cuidar sus hogares y posesiones es una parte de la vida. Usted puede enseñar esto con las tareas del hogar, en las que su hijo puede ayudar, como asear un cuarto, doblar prendas o toallas, ayudar a la hora de las comidas o contribuir de otras maneras.

Y recuerde siempre que los niños aprenden a valorar el trabajo sobre la base de lo que ven y oyen de los adultos que los rodean, ¡de modo que asegúrese de comentar sobre ese saltamontes holgazán y esas hormigas laboriosas!

El valor del esfuerzo

por Joshua, aviador naval

Cuando tenía 12 años, mis padres me introdujeron al esquí. Me encantó. Íbamos a esquiar cada varias semanas durante el invierno, y mis habilidades fueron mejorando. Sin embargo, pronto me di cuenta de que prefería hacer *snowboard* en vez de esquí. Entonces, esa primavera pedí a mis padres que me compraran una tabla para hacer snowboard. Como me habían comprado esquíes seis meses atrás, dijeron que, si quería la tabla, debía pagarla yo mismo.

De modo que pensé en la manera de conseguir empleo como repartidor para el periódico local. Al principio hice tareas de reemplazo para un amigo, pero finalmente armé mi propio itinerario: 49 periódicos para entregar cada mañana a las 6:30 a.m., 7 días a la semana, 365 días al año, con lluvia o con sol. Vivía en Oregón, ¡de modo que casi siempre llovía! Todos los días, durante el resto del año, me levantaba a las 5:30 a.m., cargaba mi bolso con periódicos y subía a mi bicicleta para andar por el vecindario y distribuir los periódicos. A veces me sentía enfermo y no podía ir a la escuela, pero de todos modos hacía mi itinerario de distribución. A veces no quería levantarme, pero de todos modos hacía mi itinerario de distribución. A veces quería quedarme a la noche en casa de algún amigo, de modo que debía levantarme más temprano para poder volver en bicicleta a casa y hacer mi itinerario de distribución.

Finalmente ahorré suficiente dinero y compré una nueva tabla para snowboard, botas y ropa para nieve. También ahorré suficiente dinero como para comprar un pase de temporada y poder tomar un autobús a la montaña y hacer snowboard uno o dos días cada fin de semana.

Por medio de este esfuerzo aprendí el valor de trabajar duro para obtener lo que quería. Aprendí el valor de la decisión y de no poner excusas. Aprendí que es mejor ganar algo que hacer que nos lo den. Todos estos son principios que he llevado hasta la adultez y que me han ayudado a ser exitoso. Desde entonces, ¡he tenido empleo sin interrupción!

El mundo al alcance de sus manos

Todo el mundo es un laboratorio
para las mentes curiosas.

—Martin H. Fischer

¡Qué oportunidad tan asombrosa tienen los jóvenes aprendices del siglo veintiuno! La tecnología les ha abierto las puertas al mundo y les ha ofrecido oportunidades para trabajar en una economía global competitiva con solo pulsar un botón. Muchos empleos que están hoy disponibles ni siquiera existían hace diez o veinte años atrás. ¡Apenas puedo imaginar las oportunidades de aprendizaje y de empleo que tendrán nuestros hijos!

Para empoderar a nuestros jóvenes aprendices para que sean exitosos en ese futuro, debemos hallar maneras de acercar el mundo a su vida cotidiana. Debemos ayudar a los niños a aprender cómo las personas, los lugares y las culturas de todo el mundo se parecen y son, a la vez, diferentes. La educación en estudios sociales es mucho más importante que nunca porque los niños pueden influir en los acontecimientos y en las personas de cada rincón del mundo y, a la vez, recibir influencia de ellos.

Los estándares propuestos por el National Council on Social Studies [Consejo Nacional de Estudios Sociales] enumeran 10 temas principales en los estudios sociales:

1. Cultura
2. Tiempo, continuidad y cambio
3. Personas, lugares y entornos
4. Desarrollo individual e identidad
5. Individuos, grupos e instituciones

6. Poder, autoridad y gobernabilidad
7. Producción, distribución y consumo
8. Ciencia, tecnología y sociedad
9. Conexiones globales
10. Ideales y prácticas cívicas

Si bien estos temas pueden parecer avanzados, hay maneras de enseñar cada uno de ellos en un nivel apropiado para los jóvenes aprendices por medio de experiencias que ofrecen tanto los maestros como las familias.

Los alumnos pueden aprender mirando imágenes y conociendo personas y hablando entre sí sobre las similitudes y las diferencias. Por ejemplo, los niños pueden aprender que la mayoría de las personas tienen hogares, comen, trabajan, tienen familias y necesidades, deseos y sentimientos similares. Pueden aprender que en algunos lugares los hogares de las personas y sus vestimentas pueden tener otro aspecto, que posiblemente coman comidas diferentes según lo que haya a disposición, que quizás tengan distintos tipos de empleos que se relacionen con el lugar en donde viven y que sus familias pueden verse muy distintas.

Las familias pueden ayudar a los niños con estas ideas mostrando interés, aceptación y alegría cuando ven situaciones distintas a las que ellos viven. Puede ampliar las preguntas y los intereses de su hijo comenzando por el mundo que lo rodea, como la familia, la escuela y los amigos. Puede ampliar de manera gradual el círculo hacia comunidades más grandes, como su ciudad, el condado, el estado, el país y el mundo. Comience hablando simplemente sobre los amigos cercanos a su hijo y las familias de sus amigos, como también sobre aquello que sucede a diario. Amplíe el conocimiento de su hijo con libros de cuentos ilustrados o revistas infantiles sobre acontecimientos actuales. Use mapas y globos terráqueos para ampliar la comprensión que su hijo tiene sobre el lugar donde viven, la comunidad en general y el mundo.

Para los niños en los grados de primaria, es importante leer libros de no ficción que incluyan elementos paratextuales informativos, como una tabla de contenidos, imágenes con leyendas, barras laterales y un glosario. Esta experiencia preparará a su hijo a aprender a leer tales libros de manera independiente para entender mejor el mundo, desde la historia de su comunidad a las tradiciones de las culturas del otro lado del mundo.

Hay muchos recursos maravillosos para enseñar los 10 temas de estudios sociales a los niños pequeños. Estos son algunos de los libros favoritos sobre estudios sociales para jóvenes aprendices, que son visuales, coloridos y fáciles de entender:

- *¿De dónde eres?* de Yamile Saied y Jaime Kim
- *Versos de niños del mundo* de Carlos Reviejo, Javier Ruiz Taboada y Javier Andrada Guerrero
- *Casas del mundo* de Pablo Aranda y Luisa Vera
- *¿Dónde comemos hoy?* de Sebastián Serra
- *Sombreros, gorras y cachuchas* de Ann Morris
- *Todo es distinto* de Ann Morris
- *El mundo es mi casa* de Maïa Brami y Karine Daisay
- *Mariama, diferente pero igual* de Jerónimo Cornelles y Nívola Uyá

Otros recursos disponibles son los programas culturales que ofrecen las bibliotecas, los eventos y las ferias culturales o étnicas, los restaurantes que ofrecen comidas típicas y los museos.

Se pueden ofrecer a los niños experiencias enriquecedoras de estudios sociales por medio de uno de los dones más grandes que podemos darles: nuestro tiempo. Esto incluye hablar con ellos sobre lo que ven, incentivarlos a dibujar y/o escribir sobre sus experiencias, ayudarlos a tomar fotografías y crear un álbum de recortes o un diario. Esto también comprende hacer viajes, ya sea para explorar su propia comunidad o visitar otras que están cerca o lejos, o incluso "viajar" en el tiempo y el espacio por medio de libros compartidos.

De estas maneras y de otras debemos acercar el mundo a nuestros hijos, ¡ya que ellos son los futuros ciudadanos y líderes que le darán forma!

Pasión por viajar

por Adria, profesora y contadora pública

Viajar y ver lugares nuevos es una pasión que mis padres me infundieron cuando era niña. El primer gran viaje que hicimos en familia fue a Washington, D.C., porque mi mamá tenía una reunión importante allí. Ir en avión para una familia de seis personas no era una opción, de modo que viajamos en carro. Recuerdo que mi madre le preguntó a nuestro director si podíamos faltar a la escuela por una semana para que pudiéramos hacer este histórico viaje a Washington, D.C., para aprender. Ese director excepcional dijo que no había mejor aprendizaje que con los viajes, de modo que estuvo de acuerdo con nuestras ausencias.

Durante el trayecto paramos en lugares desconocidos, y aprendimos sobre historia, culturas, geografía, geología y mucho más. Había mucho más para ver cuando llegamos a Washington, D.C., como el Monumento a Lincoln, el Museo Smithsoniano, y el

Cementerio Nacional de Arlington, por mencionar algunos lugares. Desde aquel viaje hemos hecho otros viajes en carro, y eso estimuló mi pasión por viajar. De adulta, continué viajando por Europa y varios veces en crucero.

Como mamá, estoy lista para compartir con mis hijos mi pasión por viajar, para mostrarles todos los hermosos lugares que tiene el mundo.

Yendo a la escuela

La educación es la llave que abre las puertas al mundo, un pasaporte a la libertad.

—Oprah Winfrey

Aprender rutinas y rutinas para aprender

Organizarse en las rutinas corrientes de la vida y finalizar pequeños proyectos que hemos comenzado es un paso importante para cumplir objetivos más grandes.

—Joyce Meyer

Una valiosa estrategia de supervivencia para los padres y los maestros de niños pequeños es establecer rutinas diarias y semanales.

Para los niños pequeños el concepto del tiempo puede ser difícil, y las representaciones gráficas los ayudan a entender el orden en que ocurren las cosas. Para ayudar a su hijo a aprender y recordar las rutinas diarias que hay entre la hora de levantarse y la hora de ir a dormir, use imágenes que puede recortar, dibujar o tomar con una cámara. Esta es una manera efectiva de enseñar números ordinales (*primero, segundo, tercero*, etc.), así como conceptos de secuencia y de tiempo.

A los adultos nos gusta saber lo que va a ocurrir cuando planificamos nuestro día. Si hay cambios, queremos saberlo con antelación para poder adaptar nuestra agenda. Esto tiene la misma importancia para los niños pequeños. Como adultos, a veces damos por sentado que nuestros hijos se ajustarán y nos acompañarán. Pero ese ajuste ocurre con mucha más suavidad cuando están preparados para lo que va a suceder durante el día y tienen algunas opciones en su rutina.

Dar a su hijo la oportunidad de elegir y de tomar decisiones en la rutina diaria estimula la responsabilidad y el compartir.

Si usted sabe que habrá cambios en la rutina familiar, compartir esa información con su hijo es siempre una buena idea. Los niños pequeños pueden ser resilientes cuando se les da algún aviso, o lo que a veces se denomina un *organizador previo*. Comente a los niños lo que ocurrirá en el día para prepararlos para los cambios, por ejemplo cuando se los irá a recoger más temprano, cuando tengan cita con el médico, o cuando otra persona los irá a recoger a la escuela. Otro ejemplo: los fines de semana suelen exigir a las familias rutinas diferentes a las de los días hábiles, por lo que preparar a los niños contándoles exactamente qué cosas serán diferentes los ayudará.

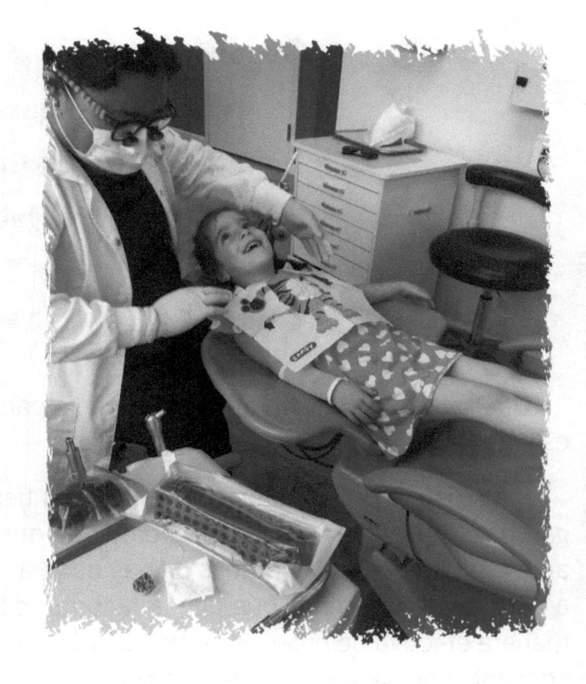

También es buena idea dejar que su hijo lo ayude a establecer las rutinas familiares. Dar a su hijo la oportunidad de elegir y de tomar decisiones en la rutina diaria estimula la responsabilidad y el compartir. Por ejemplo, en el día de lavado de la ropa, pedir a su hijo que ayude a separar la ropa de color de la ropa blanca no solo contribuye a desarrollar la responsabilidad en su hijo y le enseña que puede hacer un aporte valioso a la familia, sino que también lo ayuda a aprender las habilidades de separar y clasificar, que son importantes en matemáticas, lectura y ciencias.

He descubierto que, dondequiera que nuestras rutinas nos lleven, podemos hallar oportunidades para enseñar y aprender. Por ejemplo, simplemente hablar con su hijo sobre lo que ven en el entorno lo ayudará a desarrollar el vocabulario del lenguaje oral, que es una habilidad importante de prelectura. También puede fortalecer habilidades fundamentales de matemáticas agrupando piedras que estén cerca en grupos de cinco, clasificando hojas de distintos colores o formas, agrupando ramitas en grupos de diez como para llevar una cuenta, y cualquier otra cosa que pueda imaginar.

Planifique momentos en que usted sepa que su hijo deba esperar un rato, como en el consultorio médico. Prepare una pequeña bolsa con libros, un cuaderno y crayones. Use los tiempos de espera para incentivar la creatividad y el aprendizaje. Hacer algo juntos durante este tiempo fortalecerá su vínculo y también hará que el tiempo vuele.

En la actualidad, las familias tienen una carga horaria de actividades muy compleja y ajustada antes, durante y después de la escuela. Establecer rutinas hace que las transiciones sean más suaves y ayudarán a su hijo a prepararse mentalmente para el día y para todo lo que vendrá, a la vez que ofrecerá un marco en el que puede ocurrir el aprendizaje creativo.

Por eso, ya sea que aprenda una rutina o cree una rutina para aprender, piense en esto como una oportunidad para pasar tiempo de calidad con su hijo; también creará recuerdos maravillosos de la primera infancia.

Mi pasión por los animales

por Johnna, analista de comportamiento

Estaba en kínder cuando mi familia se mudó de la ciudad de Woodbridge, Nueva Jersey, a un terreno de tres acres en Millstone, Nueva Jersey, porque mi madre quería un caballo. El primer caballo trajo finalmente a otro, y luego a ponis, cerdos, vacas, burros, cabras, ovejas, patos, pavos y una llama. También teníamos gatos y perros. Absolutamente todos los animales que tenían mis padres habían sido rescatados.

Mis padres inauguraron un pequeño zoológico interactivo y un emprendimiento de cabalgata en ponis, y desde temprana edad, mi hermana melliza y yo teníamos la responsabilidad de ayudar a cuidar a los animales. Recuerdo tener que levantarme temprano antes de ir a la escuela para alimentar a los animales y luego volver a casa a la noche después de la escuela para alimentarlos de nuevo. Mi hermana y yo trabajábamos en equipo para asegurarnos de que tuvieran agua y que siempre estuvieran cuidados.

Veinte años más tarde, hoy tenemos dos perros y dos gatos que son parte de nuestra familia. Los rescatamos de la calle. Con orgullo puedo decir que tanto mi hijo como mi hija aprendieron desde temprana edad a ser amables, compasivos y dulces con todos los animales. Me enternece que les encante leer libros sobre animales y mirar imágenes de animales, y que sepan cómo cuidar sus mascotas. Sé que la pasión que tienen por los animales y la ternura que demuestran al cuidarlos han sido piedras fundamentales para la compasión, la madurez y la naturaleza responsable que hoy demuestran.

Creo que crecer con animales y tener esa responsabilidad desde temprana edad ayudaron a formar la persona que hoy soy, y mis experiencias se han transmitido en la manera en que crío a mis hijos. Es importante para mí que mis hijos tengan un profundo amor y respeto por todas las criaturas y que comprendan la responsabilidad que conlleva cuidar de esas preciosas vidas.

Preparación para el kínder: indicadores físicos y sociales/conductuales

La educación no es la preparación para la vida, sino que es la vida misma.

—John Dewey

¿En qué consiste la preparación para el kínder? Para un maestro de kínder significa que los niños que ingresan a kínder están bien preparados, tanto física como socialmente (es decir, cómo se comportan y se relacionan con los demás, tanto adultos como pares) y además académicamente (es decir, participar efectivamente en clase y aprender los diversos conceptos y destrezas que se enseñarán). Para una familia, significa preguntarse: "¿Mi hijo está preparado para el kínder?".

Muchos de ustedes saben que la educación en la primera infancia es fundamental para el éxito escolar en los siguientes años. Pero quizás usted no sepa cuáles son las habilidades sociales/conductuales y académicas de preparación temprana para el kínder y los conocimientos que debería tener su hijo cuando llega a la edad suficiente para ingresar al kínder.

Debido a que hay varios indicadores de preparación para el kínder, este capítulo se centrará en los indicadores físicos y sociales/conductuales (o no académicos), y el siguiente capítulo, en los indicadores académicos.

Indicadores físicos y sociales/conductuales	Lo que las familias pueden hacer
Su hijo tiene la capacidad de escuchar a los demás.	✦ Lea todos los días en voz alta a su hijo, comenzando por una página a la vez. ✦ Anime a su hijo a escuchar lo que usted está diciendo sin interrumpir. ✦ Demuestre lo que significa escuchar a los demás prestando atención plena a su hijo y preguntándole sobre sus intereses.
Su hijo puede comunicar sus necesidades.	✦ Cuando crea que su hijo tiene un problema o necesita algo, anímelo a explicar cómo se siente, por ejemplo: ✧ "Estoy cansado". ✧ "Me duele el dedo". ✧ "Necesito ayuda con este rompecabezas". ✦ Anime a su hijo a hablar con oraciones completas: "Por favor, quisiera una galleta de queso".
Su hijo puede mencionar su propio nombre y el de sus familiares.	✦ Ayude a su hijo a entender que todos tienen un nombre, incluso mamá, papá, los hermanos y las hermanas y otros familiares. ✦ Practique decir y deletrear los nombres de los miembros de la familia.
Su hijo obedece reglas simples, como formar fila y compartir con los demás.	✦ Lea a su hijo libros sobre la escuela, obedecer reglas y compartir, como *Saber y seguir las reglas* de Cheri J.Meiners y *Los osos Berenstain* y *La regla de oro* de Stan Berenstain y Jan Berenstain. ✦ Hable a su hijo sobre lo fácil que es obedecer reglas escolares: por ejemplo: ✧ "Haz la fila, al igual que lo hacemos en la tienda de comestibles". ✧ "Obedece las reglas, igual que cuando mamá obedece las normas de tránsito cuando conduce". ✧ "Comparte, igual que cuando compartes tu taza favorita con tu hermano".

Indicadores físicos y sociales/conductuales	Lo que las familias pueden hacer
Su hijo sigue instrucciones.	✦ Dé habitualmente a su hijo instrucciones de un solo paso, por ejemplo: ✧ "Por favor, levanta tu toalla". ✧ "Dile gracias a la abuela". ✧ "Párate a mi lado". ✦ Introduzca instrucciones de dos pasos durante su rutina diaria, por ejemplo: ✧ "Por favor, levanta tu toalla y ponla en el cesto". ✧ "Pon la servilleta al lado del plato, y pon la cuchara sobre la servilleta".
Su hijo puede participar en una actividad hasta que esté completa.	✦ Pida a su hijo que juegue a un juego hasta que termine. ✦ Ayude a su hijo con una actividad para construir, como bloques, y verifique que lo complete. ✦ Muestre a su hijo cómo asear sus juguetes después de usarlos y cómo guardarlos.
Su hijo puede trabajar de manera independiente en una tarea adecuada para la edad.	✦ No ayude a su hijo en todo. ✦ Anime a su hijo a trabajar de manera independiente cuando resuelva rompecabezas, mire libros, coloree un libro para colorear, cree proyectos de arte, entre otras cosas.
Su hijo demuestra tener habilidades motrices gruesas. (El término *habilidades motrices gruesas* se refiere a la capacidad de controlar los músculos más grandes, como los de los brazos y las piernas).	✦ Pida a su hijo que practique saltar a la cuerda, brincar, patear y arrojar una pelota, columpiarse y hacer equilibrio en el bordillo o en una barra de equilibrio baja. ✦ Anime a su hijo a intentar saltar a la cuerda, bailar o hacer gimnasia.

Indicadores físicos y sociales/conductuales	Lo que las familias pueden hacer
Su hijo demuestra tener habilidades motrices finas y coordinación ojo-mano. (El término *habilidades motrices finas* se refiere a la capacidad de controlar los músculos pequeños, sobre todo los de los dedos y las manos).	✦ Pida a su hijo que practique cortar con tijeras líneas parejas y luego figuras simples de periódicos. ✦ Pida a su hijo que enhebre cuentas pequeñas o pegue pasta sobre papel. ✦ Anime a su hijo a practicar arrojar y atrapar una pelota.
Su hijo puede arreglárselas con su propia ropa.	✦ Pida a su hijo que practique regularmente usando cierres relámpago, botones y broches. ✦ Incentive a su hijo a practicar vestirse de manera independiente.
Su hijo trabaja y juega bien con otros niños.	✦ Señale cómo turnarse y compartir cuando juega con su hijo. ✦ Deje que su hijo juegue regularmente con otros niños, y observe cómo interactúan. ✦ Lleve a su hijo a un parque infantil, museo o parque de juegos; permítale interactuar con otros niños y compartir sus juguetes o útiles.
Su hijo puede separarse de usted.	✦ Explique a su hijo que todos los niños van a la escuela y que se los pasa a recoger más tarde. ✦ Cuando dejen a su hijo de visita en la casa de otros familiares y lo pasen a retirar luego, señale que esto es lo que sucederá en la escuela. ✦ Visite una escuela y permita que su hijo vea a todos los niños felices en una clase de kínder.

Recuerde que esto no es una lista de verificación de cosas que suceden de manera repentina cuando su hijo llega a los cuatro o cinco años. Muchas de estas habilidades comienzan a desarrollarse a edad muy temprana a medida que usted interactúa con su hijo hablando, cantando y leyendo desde que es un bebé o un niño de uno o dos años.

Si habitualmente pasa tiempo hablando con su hijo, jugando a juegos que estimulen buenos hábitos de lectoescritura y aritmética, y favoreciendo el desarrollo de las habilidades arriba enumeradas, lo ayudará a disfrutar del kínder desde el momento en que ingrese. También estará creando una base sólida para el aprendizaje durante los años escolares.

Amor y compasión

por Mary, asistente administrativa sénior

Mis padres nos criaron en un hogar de amor. Durante mi infancia, lo que más admiraba era que mi madre era una persona muy compasiva. Éramos seis hermanos, y recuerdo su naturaleza caritativa y servicial.

Tengo presente especialmente un ejemplo. Un amigo le había hablado a mi madre sobre una mujer que necesitaba trabajar urgentemente. La mujer no tenía teléfono, y mi madre pidió su dirección. Recuerdo ir a la casa de la mujer en nuestra camioneta con todos mis hermanos. Vivíamos en Mission, Texas, y pronto nos vimos viajando a un vecindario pobre. Al llegar, mi madre nos pidió que esperásemos en la camioneta y fue a golpear a la puerta. Apareció una mujer de aspecto muy frágil.

Mi madre contrató a la mujer, y todas las semanas iba a buscarla a su casa porque no tenía carro. La mujer tenía un niño pequeño llamado Juanito, y ella lo traía a nuestra casa, y nosotros jugábamos con él. Juanito se sentía feliz de estar en nuestra casa. Durante las vacaciones, mamá nos dijo que debíamos hacer una buena acción para Juanito y su madre, y entonces elegimos un pequeño regalo para darle a él. Mi madre preparó comida, y fuimos a la casa de la mujer para entregar regalos y comida. Mis hermanos y yo quedamos sorprendidos cuando nos dimos cuenta de que la casa no tenía electricidad, y que la mujer solo tenía velas. Todavía recuerdo la oscuridad y el brillo de las velas en su casa. Mi madre sabía perfectamente que tenían muy poco.

Mi madre tuvo seis hijos y se esforzó mucho para poder subsistir. Lograba que el salario de mi padre alcanzara para todos. Mamá nos alimentaba, nos vestía y nos dio un hogar familiar maravilloso y protector, y todavía encontraba tiempo para ayudar a otros y compartir lo que teníamos.

Esta compasión y este amor por los demás se contagiaron en mis hermanos y ahora en mis hijas. Una de ellas es maestra, y la otra es trabajadora social, y tienen la misma empatía y compasión que mi madre. También he llevado esto a mi trabajo con las personas. He trabajado en el sistema judicial penal, en el sistema escolar, y he ayudado a otros a hacer conexiones con instituciones en momentos de necesidad. Todos hemos heredado el amor maternal de nuestra madre hacia las personas. Me parezco mucho a ella, y cuando pienso en retrospectiva, sé que seguiré haciendo mi parte en ayudar a las personas y honrar el legado de mi madre.

Preparación para el kínder: indicadores académicos

La educación es el arma más poderosa que podemos usar para cambiar el mundo.

—Nelson Mandela

Ahora que nos hemos enfocado en los indicadores físicos y sociales/conductuales de la preparación para el kínder, es hora de hablar sobre los indicadores académicos.

La siguiente lista incluye muchos de los indicadores académicos tempranos de la preparación para el kínder. No es en absoluto exhaustiva, pero le ofrecerá una comprensión de lo que se espera de su hijo y, a la vez, ofrecerá consejos para ayudarlo a preparar a su hijo para la transición al kínder.

Indicadores académicos	Lo que las familias pueden hacer
Su hijo escucha y entiende cuentos.	✦ Comience a leer libros a su hijo, incluso de bebé. ✦ Lea primero el cuento completo para divertirse sin interrupciones. ✦ En lecturas adicionales, haga preguntas sobre el cuento y anime a su hijo a hacer preguntas. ✦ Deje que su hijo pase las páginas, mostrando que sabe que es un cuento. ✦ Gradualmente, introduzca libros más extensos que demanden más paciencia y concentración.

Indicadores académicos	Lo que las familias pueden hacer
Su hijo puede recontar los cuentos que le fueron leídos o contar cuentos originales.	✦ Pida a su hijo que vuelva a leer un libro que conozca y que intente recontarlo. ✦ Lean canciones infantiles y anime a su hijo a recontarlas. ✦ Entregue marionetas o recortes de fieltro para pizarra que su hijo pueda utilizar para recontar las historias.
Su hijo puede hallar objetos que se corresponden entre sí.	✦ Pida a su hijo que practique emparejar objetos, como calcetines de la ropa para lavar, lápices o lapiceras, pendientes y latas de alimentos de la despensa.
Su hijo puede clasificar objetos según sus atributos: color, forma, tamaño y función, como cosas que ruedan y cosas con las que puede escribir.	✦ Una vez que su hijo puede emparejar objetos, anímelo a practicar la clasificación de objetos en categorías, como: ✧ Color: Buscar todas las camisas azules, las monedas de plata y los bloques rojos. ✧ Tamaño: Colocar las toallas de baño grandes en una pila y las toallas de mano, en otra. ✧ Forma: Buscar todos los objetos redondos en el cuarto.
Su hijo puede identificar palabras que riman.	✦ Hable sobre cómo riman algunas palabras; es decir, la última parte de las palabras suena igual. ✦ Pida a su hijo que halle las palabras que riman en las canciones infantiles. Por ejemplo: *gato* y *garabato* riman en "El gato garabato"; y *Zanco* y *Panco* riman en "Zanco Panco". ✦ Jueguen a rimar palabras, como: "Tengo una palabra que rima con *zapallo*, es un animal que relincha. Es un... ¡caballo!"
Su hijo puede identificar patrones.	✦ Señale patrones, como los que puede haber en la ropa, en las plantas de una calle y en los libros que leen. ✦ Jueguen a adivinar patrones disponiendo objetos en un patrón (por ejemplo, dos colorados, uno azul; dos colorados, uno azul), y pida a su hijo que identifique el patrón.

Indicadores académicos	Lo que las familias pueden hacer
Su hijo puede nombrar los colores.	✦ Comente los nombres de los colores. Muestre de qué manera algunos colores pueden formarse combinando otros colores (por ejemplo, el rojo y el blanco forman el rosa). ✦ Lea libros sobre los colores, como *Colores* de Hervé Tullet y *Su propio color* de Leo Lionni. ✦ Use acuarelas para pintar, y pida a su hijo que mezcle los colores y los nombre. ✦ Pida a su hijo que nombre los colores que lo rodean, como en su cuarto, en su ropa y en la caja de crayones.
Su hijo puede identificar algunas letras y algunos números.	✦ Ayude a su hijo a comenzar a distinguir letras en palabras simples que suele ver escritas. Comience con las letras de su nombre. ✦ Señale los números en todas las cosas, como en el dinero, los relojes, los carteles, los teléfonos y el control remoto del televisor.
Su hijo comienza a comprender que las letras representan los sonidos que escuchan en las palabras.	✦ Hable sobre los sonidos de algunas de las letras que forman el nombre de su hijo, en libros y en otras palabras que suelen ver durante el día. ✦ Escriba el nombre de su hijo y otras palabras sencillas en una hoja de papel o en una pizarra de borrado en seco para mostrar cómo se forman las palabras. ✦ Use letras magnéticas en un refrigerador para formar palabras reales y palabras sin sentido, y pronúncielas con su hijo.
Su hijo reconoce algunos carteles.	✦ Pida a su hijo que "lea" palabras que ve durante su rutina diaria, como *Pare* en el cartel de parar, *Caminar* en un cruce, *gasolina* en una estación de gasolina, y los nombres de las tiendas y los restaurantes favoritos.

Indicadores académicos	Lo que las familias pueden hacer
Su hijo comienza a reconocer algunas palabras de alta frecuencia.	✦ Pida a su hijo que señale palabras, como *el/la/los/las, un/una, y, yo, mí, es, era, son, ir, parar,* que suelen ver a menudo a medida que leen libros juntos. ✦ Escriba palabras de alta frecuencia en tarjetas y juegue a juegos de palabras, como juegos de memoria, con su hijo.
Su hijo comienza a "escribir" garabateando, dibujando o imitando letras, números, formas o figuras.	✦ Dé a su hijo una caja con papel y elementos de escritura, que puede usar para empezar a escribir, dibujar o crear formas. ✦ Dé a su hijo un pincel y un cuenco de agua para "pintar" en la acera o en la entrada del carro. (Hable sobre la evaporación a medida que sus creaciones desaparecen).
Su hijo entiende cómo se usan los números.	✦ Muestre a su hijo cómo se usan los números en la vida cotidiana, como para contar objetos, medir la distancia, el peso, la longitud y las cantidades que se usan al cocinar.
Su hijo puede contar hasta 20.	✦ Busque oportunidades para contar objetos en voz alta para su hijo y con él, como al poner la mesa, separar la ropa, medir ingredientes y organizar juguetes. ✦ Anime y ayude a su hijo a contar objetos que ve durante el día, como escalones, vasos de agua y farolas.
Su hijo entiende que algunas palabras son opuestas: *arriba* y *abajo, grande* y *pequeño, alto* y *bajo, fuerte* y *suave, liviano* y *pesado.*	✦ Señale ejemplos de opuestos que vea. ✦ Juegue a un juego de adivinar opuestos: "El opuesto de *día* es… ¡*noche*!".

Recuerde que, si bien las habilidades de preparación para el kínder son importantes y ayudarán a adquirir una base sólida para el éxito académico futuro, las actividades que llevan a la preparación para el kínder deben ser placenteras para su hijo. Haga de estas actividades momentos de diversión en familia y parte de su rutina diaria para que su hijo comience a ver que el aprendizaje es una experiencia positiva y natural.

Cooperar para graduarse

por Stephanie, jefa de redacción

Mi padre era un hombre brillante. Pasó de una carrera en la inteligencia del ejército a la Agencia de Inteligencia de la Defensa en el Pentágono antes de que yo naciera. Se graduó de la Escuela Nacional de Guerra, y con el tiempo colgaban medallas y certificados de reconocimiento en lo que él denominaba, en broma, la pared "Yo me amo". Cuando más tarde obtuvo el primero de varios altos honores civiles por su labor con el Comando de Operaciones Especiales de Estados Unidos, pude estar allí. "Ése es mi papá", recuerdo que me decía a mí misma. Él amaba a su país, y fue un funcionario orgulloso, dedicado y acérrimo hasta el final de su vida.

Era también un hombre muy cerebral y dinámico que intentaba llevar una vida totalmente distinta en las afueras de la ciudad con sus tres hijos. Mi papá tenía un vocabulario sorprendente, y tenía una colección completa de frases que le agradaba decir de vez en cuando.

"De la cooperación nace el éxito".

"Quien firma, lo escrito afirma".

"Basta de lloriqueos".

"Será mejor que te prepares y asistas".

"¿Qué significa todo eso?", recuerdo que me quedaba pensando cual niña perpleja más de una vez. Como madre, hoy me doy cuenta de que posiblemente él quedaba boquiabierto y no sabía qué otra cosa responder ante cualquier pelea entre hermanos o algún problema escolar que nos ocurría; un tipo muy diferente de "inteligencia". Para mí, él tenía reservado el consabido: "¡Eres la mayor!" o "¡tienes habilidades de una ejecutiva!". Quizás me resultaba confuso, pero sabía que sus expectativas eran muy altas y que era mejor que resolviera las cosas… ¡de inmediato!

Mi papá me dio parámetros. Me impulsó a hacer el mejor esfuerzo. De adolescente, yo retrocedía. Nos dábamos cabezazos. Pero en definitiva, él respetó mi libertad individual para hacer elecciones. Cuando llamé a casa una noche, no mucho después de que ingresé a la universidad, diciendo que no sabía si unirme a una hermandad o asistir a una audición para la obra de teatro en el escenario principal (¡ambos eventos eran en la misma noche!), me preguntó qué sería lo que más lamentaría si no lo intentaba. Su pregunta me dio mucha claridad: yo sabía que el teatro me atraía totalmente. Mi mamá fue la persona con la que hubiese querido hablar esa noche, pero fue mi papá quien me ayudó a ver las cosas con claridad.

Cuanto más envejezco, tanto más me doy cuenta de que el amor tiene distintos lenguajes. Mi papá creía mucho en mí cuando crecía, aunque sus palabras a veces eran incomprensibles para mí. Cuando miro en retrospectiva mi infancia y algunas de las interacciones con él, es casi como si hubiesen sido pensadas como esos momentos de claridad para mí como persona adulta. Escucho su voz y sé que no importa qué dificultades tenga, de algún modo me las ingeniaré, porque eso es lo que me enseñó a hacer: si nos preparamos y asistimos y ponemos nuestro mayor compromiso en cada cosa que hacemos, de esa cooperación nacerá el éxito (basta de lloriquear…).

Evitar la pérdida del aprendizaje

El mundo es el salón de clases real.
El aprendizaje más gratificante e importante sucede por medio de la experiencia, poder ver algo con nuestros propios ojos.

—Jack Hanna

Los recesos escolares, como los recesos de invierno o de verano pueden impactar en el aprendizaje del alumno y en su progreso. Con el tiempo, estas pérdidas de aprendizaje se acumulan, y la brecha de logro académico se ensancha. Los educadores saben que es fundamental que los niños puedan leer por niveles para cuando estén en tercer grado. Seguir leyendo durante esos recesos es primordial para mantener en carrera a los niños, no solo para ese peldaño, sino para los siguientes, entre estos, graduarse del bachillerato e inscribirse en la universidad.

Estas son algunas ideas de lo que puede hacer para ayudar a su hijo a seguir aprendiendo durante el verano:

1. **Lea libros todos los días.** Las investigaciones demuestran que los libros que son "perfectos" para los niños (aquellos que no son frustrantes por su dificultad ni demasiado fáciles) proporcionan las mejores experiencias de aprendizaje.
2. **Hable con su hijo sobre sus experiencias diarias.** Anime a su hijo a hacer un dibujo sobre su día y escriba una leyenda o escriba sobre esto si su hijo es más grande.
3. **Use su biblioteca pública local** para ayudar a desarrollar pasión por leer y aprender. Hay muchos recursos en una biblioteca: libros, acceso a tecnología, zonas para la investigación, actividades divertidas de aprendizaje y eventos.

4. **Elija un libro divertido e interesante para leer semanalmente en voz alta.** Lea un capítulo en voz alta todas las noches, con distintos familiares que se turnen para leer los párrafos o las oraciones o representando los personajes del libro. Mientras leen juntos, puede probar algunas de estas formas para reforzar las habilidades de lectura de su hijo:
   - Anime a su hijo a usar su imaginación haciendo imágenes mentales de lo que escucha. Comenten las diferencias entre sus imagines mentales y las ilustraciones.
   - Con un niño más pequeño, señale las letras del libro y diga los nombres y los sonidos de las letras. Si su hijo es un poco más grande y está empezando a leer, señale palabras visuales.
   - Señale en el libro las palabras que riman o las que comienzan con la misma letra.
   - Comente los personajes del libro: sus nombres, su aspecto, cómo visten y qué hacen. Describir y categorizar son habilidades importantes tanto en lectura como en matemáticas.
   - Después de leer un cuento, hablen sobre el escenario, la trama y la idea principal.
   - A medida que lee el cuento, haga preguntas sobre lo que está sucediendo. La comprensión de texto es una habilidad importante para que los niños aprendan.
5. **Aproveche los programas gratuitos de verano.** Muchas comunidades tienen conciertos de verano gratuitos, parques y eventos recreativos y mercados de agricultores. Todas estas son experiencias que su hijo puede describir oralmente o por escrito para desarrollar sus habilidades de lenguaje.
6. **Haga de cada salida una oportunidad de aprendizaje.** Incluso la tienda de comestibles puede ser un mundo maravilloso, lleno de colores, formas, palabras y números. Haga preguntas y ofrezca otras oportunidades para que su hijo aprenda del mundo que lo rodea. Por ejemplo, cuando estén en un parque, incentive a su hijo a explorar e identificar objetos, tales como:
   - los distintos colores de las flores, los arbustos, los árboles u otras plantas
   - las figuras geométricas y letras en el parque, como el cuadrado de una acera de concreto y la letra *U* en el columpio de un parque
   - las hojas (trate de clasificarlas según similitudes, como el color o la forma)
   - los diferentes tipos de plantas que hay en el parque (lea sobre estas en línea o en libros, si su hijo es más grande)

7. **Permita que su hijo use tecnología adecuada para la edad** y contenido de aprendizaje digital de alta calidad, como aplicaciones educativas mejor valoradas, en una computadora, tableta o teléfono inteligente. Los libros y juegos digitales pueden ofrecer oportunidades de aprendizaje excelentes para los niños pequeños cuando se los usa adecuadamente. De todas maneras, tenga presente que se debe administrar el tiempo en un dispositivo sobre la base de la edad del niño y que el dispositivo no debería reemplazar las actividades antes mencionadas.

Para más sugerencias estupendas de aprendizaje, visite el sitio web de Colorín Colorado, una iniciativa multimedia nacional de lectoescritura. Este sitio gratuito tiene una maravillosa selección de recursos como así también una guía de lectura para el verano.

Los recesos escolares no tienen por qué causar pérdida de aprendizaje. Pueden ser momentos de aprendizaje eficaz para los niños si los hacemos participar de una amplia gama de actividades. Las ideas que he compartido son sencillas y, a la vez, son experiencias importantes que pueden conducir a una pasión por el aprendizaje y al desarrollo de un vocabulario cada vez más amplio: ambos son fundamentales para el éxito académico.

Imagine que cada libro que su hijo abre puede ser una excursión emocionante: podría ir a la luna y más allá, nadar en el fondo de los océanos y a través de un arrecife de coral, o viajar al pasado remoto o al futuro lejano.

El tiempo y la consideración que usted invierta en el aprendizaje dará frutos al por mayor, no solo al inicio del próximo año escolar, sino en todos los años escolares futuros.

El ritual de aprendizaje de mi familia

por Merlinda, especialista en desarrollo profesional

Cada tarde cuando finalizaba mi clase de kínder, mi madre me iba a buscar y me llevaba a casa, donde me esperaban unos deliciosos bocadillos caseros. Mientras comía, mi madre vaciaba mi bolso y me decía: "Cuéntame sobre tu día en la escuela. Comienza por el principio y cuéntame todo lo que hiciste y oíste y aprendiste". Así comenzó lo que iba a ser un ritual familiar.

Mi madre me estimulaba con preguntas: "¿Qué fue lo primero que hiciste al llegar allí?, ¿leíste tan bien a tu maestra como lo hiciste anoche cuando practicabas conmigo?". Le aseguraba que sí, y seguíamos conversando hasta que yo había compartido cada tarea de mi bolso escolar y le narraba mi día en la escuela en su totalidad.

Cuando mi papá llegaba a casa después del trabajo, mi madre y yo repetíamos el ritual de la tarde para él. A medida que pasaban los años, describía las lecciones de matemáticas cada vez que mi madre o mi padre decían: "Explícalo otra vez. No recuerdo haber aprendido eso cuando iba a la escuela".

En los grados superiores y en el bachillerato, explicaba las partes del discurso y hacía análisis literarios. Narraba sucesos históricos y los papeles que esas personas desempeñaban en esos sucesos. Demostraba cómo usar fuentes de referencia y reducir fracciones, y seguía con el método científico, siempre comenzando por el principio y contando todo lo que escuchaba, hacía y aprendía.

Cuando siguieron mis dos hermanos, dos años y luego cuatro años después que yo, mis padres continuaron el ritual familiar, pero en cambio, los tres empezábamos por el principio y contábamos todo lo que habíamos oído, hecho y aprendido ese día. Mis hermanos terminaban oyendo conceptos que estaban dos o más años adelantados de lo que ellos veían en sus clases y, a la vez, esto ayudaba a acelerar su aprendizaje. Mi tarea era corregir malos entendidos y explicar cómo el aprendizaje de mis hermanos se relacionaba con lo que yo aprendía. Mi parte también incluía revisar la tarea de mis hermanos. "Escucha a tu hermana mientras revisa tu tarea para que puedas ser listo como ella", decían mis padres. Revisar sus tareas me hizo reforzar conceptos, de modo que también me beneficié al ayudar a mis hermanos.

Los interrogatorios constantes y detallados de mis padres nos inspiraron a mis hermanos y a mí a revisar nuestros conocimientos y a reflexionar sobre nuestro aprendizaje día a día, y su entusiasta admiración nos animaba a repetir las narraciones, agregando detalles enriquecedores. Mis hermanos y yo no lo dudamos: nuestros padres fueron las personas más listas que alguna vez hayamos conocido.

Yendo a la escuela: el aprendizaje continúa

En algunas partes del mundo, los alumnos van a clase todos los días. Es parte de su vida normal. Pero en otras partes del mundo, tenemos hambre de educación... es como un don precioso. Es como un diamante.

—Malala Yousafzai

La implicación de los niños en el aprendizaje es fundamental, y las opciones para su propio aprendizaje ayudan a fomentar su comprensión del mundo que los rodea. Cuando los niños van a la escuela, los maestros y los padres deberían trabajar juntos para asegurar a los niños una transición suave. Debe haber expectativas y comprensión claras de lo que ellos encontrarán en la escuela, y se deben proporcionar opciones para los niños en sus actividades escolares y del hogar para promover la participación escolar.

Las primeras semanas de escuela son un desafío, ya que los alumnos se encuentran en un proceso de transición a la escuela, donde deben aprender nuevas reglas y desarrollar responsabilidades en un nuevo grado escolar.

Hay varios consejos y estrategias que los padres pueden usar para ayudar a sus hijos en la transición de aprender y jugar en casa a aprender en la escuela. En la página siguiente, encontrará algunas sugerencias.

Sugerencias	Consejos y ejemplos
Permita a su hijo crear un espacio especial para el estudio, donde pueda estudiar o leer y concentrarse en los temas que aprende en la escuela.	Provea de una mesa y una silla el espacio de estudio, además de libros, lápices, crayones, bolígrafos, marcadores y papel. Use cajas de zapatos o recipientes pequeños a modo de organizadores y estimule a su hijo a que elabore etiquetas para sus insumos.
Ayude a su hijo a organizar sus días ofreciendo un calendario diario con horarios.	Anime a su hijo a completarlo con sus actividades diarias, dibujando o escribiendo. Esto dará a su hijo una imagen clara de su día en la escuela, lo ayudará a sentirse creativo y aumentará su sentido de pertenencia y de poder tomar decisiones.
Respalde de manera positiva los esfuerzos de su hijo preguntando sobre su día o sus actividades.	Haga de esto una rutina, y pronto no le será necesario preguntar: él mismo compartirá los momentos importantes de su día. Comparta también con su hijo lo que usted hizo ese día.
Lea y cante a su hijo.	Introduzca nuevos libros y canciones y repase aquellas que su hijo ya conoce.
Aproveche la biblioteca local.	Asegúrese de que tanto usted como su hijo tengan tarjetas de biblioteca vigentes para préstamo de libros.

Ayude todas las noches a su hijo a prepararse para el día siguiente, con actividades como las siguientes:

- Permita que su hijo decida lo que comerá para el desayuno. O ayude a su hijo a hacer elecciones escribiendo un menú de desayuno para la semana.
- Ayude a su hijo a preparar la vestimenta, el calzado y los calcetines para el próximo día escolar.
- Diseñe una caja, un cajón o un organizador colgante para loncheras y mochilas. Pida a su hijo que los decore utilizando imágenes recortadas de las revistas o con sus propios dibujos.
- Si su hijo lleva su almuerzo, ofrezca algunos alimentos para que elija. Si su hijo compra el almuerzo, anímelo a ayudarlo a preparar el dinero para el almuerzo.

Sostener el aprendizaje a lo largo del año escolar presenta muchos desafíos. Los niños tienen sus altibajos, al igual que los adultos. Sin embargo, en el aprendizaje es importante que los niños sientan que se apropian de lo que están aprendiendo y por qué lo están aprendiendo. Recuerdo que cuando era maestra me preocupaba tanto por cubrir los objetivos que olvidaba que los niños no siempre conocían esos objetivos.

Ayude a su hijo a establecer relaciones entre los conceptos de aprendizaje escolar. Estos son algunos ejemplos:

- Si su hijo aprende sobre reciclado en la escuela, hable sobre lo que pueden hacer en casa para ayudar al reciclado. Permita a su hijo ayudarlo a crear un proyecto de reciclado familiar.
- Quizás en clase su hijo está aprendiendo sobre componer números ($0 + 5 = 5$; $1 + 4 = 5$; $2 + 3 = 5$; $3 + 2 = 5$; $4 + 1 = 5$; $5 + 0 = 5$). En casa, anímelo a practicar operaciones matemáticas utilizando los materiales disponibles, como pasta, frijoles secos, lápices, botones o cualquier otra cosa que pueda imaginar.
- Después de la semana de orientación en la escuela, asegúrese de traer a casa una copia de los objetivos a largo plazo del maestro de cada materia de su hijo para que usted sepa lo que se enseña en la escuela y pueda prepararse para ayudarlo en casa. Si no se proveen copias de los objetivos, pida al maestro de su hijo que le envíe una.

El tiempo en que su hijo va a la escuela es emocionante para todos y debería haber una colaboración de aprendizaje entre el hogar y la escuela.

Mundo pequeño, sueños grandes

por Sunil, ejecutivo de negocios

Mi historia es como la de muchos otros, pues soy inmigrante de primera generación en Estados Unidos. Cuando tenía dos años, mis padres me dejaron con nuestra familia extensa en Mumbai, India, ya que ellos viajaban anticipadamente para buscar un nuevo hogar en Estados Unidos. Llegaron a este país como muchos de quienes los precedieron, sin dinero y con solo el sueño de una vida mejor para su familia.

Sin lugar a dudas, mis padres nos extrañaban mucho a mí y a su familia. Sin embargo, el sacrificio fue necesario para brindarnos oportunidades. La decisión de mis padres de mudarnos a Estados Unidos me dio una gran lección a temprana edad, que era que el mundo podía ser un lugar pequeño y accesible para mí si estaba dispuesto a esforzarme y a hacer sacrificios.

Un año después de que mis padres emigraron, hice mi primera gran mudanza, de Mumbai a Nueva York, para reunirme con ellos. Hoy miro con ternura las fotos de mis padres abrazándome, en lo alto del Empire State. Mis primeras experiencias en Estados Unidos fueron en Cleveland, Ohio, donde mis padres se establecieron primero. Poco después nos mudamos a Atlanta, Georgia, donde mi papá aceptó un empleo. Éramos de las

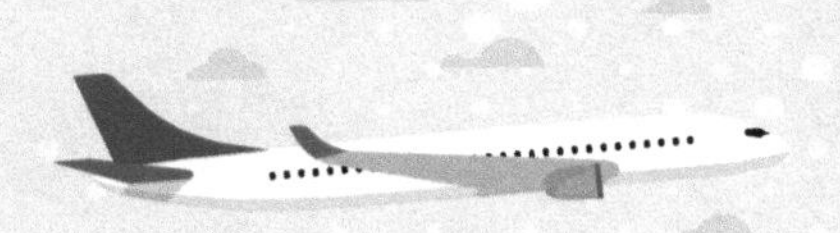

primeras familias de la India que se habían mudado a un sur que hacía poco había abolido la segregación.

Ahora que soy adulto, me doy cuenta de que mi infancia le dio forma a la visión que tengo del mundo en cuanto a lugar para explorar y que está abierto a lo que yo tengo para ofrecerle. Después de graduarme de la universidad en Georgia, me mudé a Los Ángeles para buscar mi primer empleo. Cuando en la entrevista me preguntaron si no extrañaría mi hogar, con orgullo les dije que mis padres habían emigrado de India, de modo que para mí no era un problema trasladarme por todo el país.

Mi carrera me ha llevado a lugares que mis padres jamás hubiesen podido imaginar. Cuando mi hija tenía dos años y mi hijo era recién nacido, aproveché la oportunidad de tomar un nuevo empleo y mudar a mi familia al Reino Unido. Allí pasamos ocho años y fuimos muy afortunados en experimentar muchas culturas y lugares, entre estos mi India natal. Tenemos la ciudadanía doble de Estados Unidos y del Reino Unido, y espero que mis hijos puedan seguir llevando adelante el sueño de mis padres y disfrutar de todo lo que el mundo tiene para ofrecer.